写真でわかる
安心介護

【監修】
聖路加国際病院理事長・名誉院長
日野原重明

インターメディカ

【監修】

聖路加国際病院理事長・名誉院長
日野原重明

【執筆】

聖路加国際病院理事長・名誉院長
日野原重明

(財)ライフプランニングセンター栄養管理科長
平野真澄

日本大学理工学部建築学科教授
野村 歡

（掲載順）

【技術指導】

保健婦
紅林みつ子

東京慈恵会医科大学医学部看護学科講師
櫻井尚子

はじめに

日本人の高齢化が急速に進み、2020年ごろには65歳以上の老人が、日本の全人口の四分の一にも増すことが予想されます。

65歳以上の老人の25%は自立できず、何らかの意味で身の上の世話としての介護や生活上の援助を必要とします。老人の核家族化やひとり暮らしも増し、家人やヘルパーの介護が必要な老人が増えていく一方です。

したがって、在宅の老人の介護は家族のだれかによって、またはヘルパーの手によってなされなければなりません。

若い人はもちろん、たとえ年配の人でも、老いた人を介護する技術(手技)を心得ておくことが必要です。そして、老人への柔らかいアプローチと、慈しみのある心で「心のケア」の提供者となる訓練が、だれにも要望されます。

本書には、老いた人の体と心の特徴が述べられていますが、自立できなくなった老人に体と心のケアができるアート(技)が、この目で教える教材によって提供されることを期待して本書は書かれました。

本書により、めいめいが自己学習を進め、介護のアートを磨かれることをお勧めします。

平成12年1月　日野原重明

写真でわかる
安心介護

目　次

第3章

着替えのお世話

紅林みつ子
櫻井尚子

第4章

排泄のお世話

紅林みつ子
櫻井尚子

第5章

体の動かし方

紅林みつ子
櫻井尚子

第6章

知っておきたい観察法

紅林みつ子
櫻井尚子

第7章

老人症候群

日野原重明

第8章

床ずれを予防するために

紅林みつ子
櫻井尚子

第9章

食事のお世話

平野真澄

第10章

お年寄りの住まい

野村 歓

第1章

聖路加国際病院
理事長・名誉院長
日野原重明

老年期の生き方とケア

- 老年期の心と体
- 老年期の生き方
- 老年期の住まい方
- 老人とのコミュニケーション
- 「ケア」は愛の心

老年期の生きがいは、体と心の健康にかかっています

「健康」が、老年期の生きがいにつながります

人が老い、65歳以上となると、その年代を老年期と名づけています。大人の人生を年代別に青春期、壮年期、中年期に分けますと、その後にくる人生の仕上げの時期が老年期となるのです。

人生は自然の四季にもたとえられますが、秋から冬になってくるその老人は、どのような暮らしをすれば案外長い冬を生きがいを持って生きることができましょうか。それはその老人の体と心とが、どれほど健康であるかにかかってくるのです。

体力・筋力・知力は、それほど衰えません

ところで人間の体の諸臓器は、中年の後半、すなわち50歳ころから始まる老化のために、その働きは少しずつ低下します。しかし、若い時からの暴飲暴食を慎み、不摂生な生活さえしていなければ、65歳くらいではまだまだ体力や筋力や知力が十分にあります。

そして、中等度の労働やゴルフ、テニス、スキー、水泳などのスポーツをも続けられ、定年後に新しい仕事も始められる実力が残されています。

老人の骨も筋肉も、毎日運動を続け、よく歩くことさえ続ければ、体力の衰えはごくスローにしか現われてきません。

体が衰えると、気分も曇り空に

廃用(または不用)症候群(disused syndrome)という表現がありますが、人間の体や脳は、いつも適当に使

い続けていなければ、骨や筋肉や脳はしだいに衰えてしまいます。

また、たとえ骨や筋肉は健やかでも、体内の血管系に動脈硬化が起こると、脳や心臓や腎臓、そのほかに血行障害が起こり、手足の動きや感覚が鈍くなったり、心臓や腎臓の働きが落ちたり、消化管の働きまでもが悪くなります。

老人の体が衰えると運動も仕事も、また友人や近くの人たちとの付き合いも少なくなり、家にこもりがちになります。

そうすると、心もさわやかでなくなり、気分はどんより曇った冬の空のようになり、気持ちがふさぎ、外出をする気にもなれず、さびしい人生に陥ってしまいます。

運動の習慣をつけ、趣味や交際を続けたいもの

人間の体と心とは極めて密な関係にあり、体が悪いと心も暗くなり、心がさえないと体の調子も悪くなり、急に老化し、頭の働きもぼけたりします。

それゆえ、65歳になる前に、すなわち50歳ころから遠からず定年がくること、また子供たちが独立して家を離れ、家の中がさびしくなることなどを覚悟し、定年後の設計を早目に立てるべきです。

そのためには、中年から運動の習慣をつけ、何かの趣味を持ち、人との広い交際が続けられるようにして老年期を迎えるべきです。

65歳になるころ、不幸にしていろいろな慢性の病気を持っている方は、老後の療養法を医者や看護婦や介護福祉士と相談して、多少の病気があってもできるだけ、家で療養できる方法を考えるべきでしょう。そして、自立した老後を暮らすように努力すべきです。

何かを「創《はじ》める」こと。希望を見出すこと

60歳を過ぎるころから大転換が始まります

65歳以上になってから、あわてて老後をどう暮らそうかなど思案する人が多いようですが、55歳を過ぎるころからは、だれもが老後の生き方の準備をすることをお勧めします。

男女ともに、60歳を過ぎるころから人々には大転換が起こります。それは、今までの仕事や責任から解放される一方、これからの年金生活をどうデザインしようかということなどの決定を迫られるのです。先輩の経験など聞いて、早めに老後の生活の設計を立案しましょう。

老年期は、夫婦2人だけで子供に頼らないで生活するのか、またそのころ独り身になっている方はいっそうのこと、子供といっしょに生活するか、またはひとりきりの生活をするかの選択が強いられるのです。

その場合、自立できる体力があるかどうか、経済的支えがあるかどうかで、生活の設計はひどく変わってきます。

仕事・収入・子供という張り合いがなくなって

さて、男女ともに働いている人が定年を迎えると、今まで責任を持っていた仕事が急になくなり、また、いっしょに生活していた子供たちが独立した生活をすることで親元から離れると、家庭はまるで空き巣のようになり、家の中に活力がなくなります。

仕事なく、収入も年金以外になくなり、同時に子供もいなくなると、生活には張りがなくなり、うつろな気持ちで老後を送ることになります。

そこで考えたいことは、夫婦とも

に老後は時間がたっぷりあるので、それから先20年またはそれ以上もある老後の生涯を積極的な意欲を持って生きるための心の支えをどこに求めるかということです。

まず、何かを「創《はじ》める」こと。日々、新たな1日を迎えたい

人間の脳は60歳までは、その大半はまだ使われておらず、白紙のままですから、何かを創《はじ》めることを考えなくてはなりません。

まず規則正しく、一定の時間に起き、散歩や体操などして手足の力を鍛え、日々新たな気分で1日1日を迎えましょう。できれば、好きな趣味を深めるとか、何も趣味がないという人は、新しい学習を始めてみることが望まれます。

音楽でも、詩歌でも、絵でも、写真でも、運動でも毎日一定の時間をとってやってみることです。ひとりで学習しにくい人は、いろいろの文化クラブに入って潤いのある日々を送るように努力しましょう。

だれにでもできることは、地域社会の中のどこかのボランティア活動の場を探すことです。自分の得意とする分野がなければ、単純な手足を使っての作業でもよいので、教会や寺院や老人施設や、障害者の子供の施設などを探して、ボランティア活動に加わってほしいのです。

そのほか、地域の文化活動に加わるとか、趣味の同好会に入るなどして、新しい技術を身につけることができれば、ボランティア活動を始める人と同様に生きがいが感じられてきます。

上手に希望を発見し、幸福な老後を

老いてから、頭も手も足も使わないでいると、人間はだんだん老けこんでしまって、自分の身の回りのことまでもができなくなります。

80歳になってからでも、絵を描いたり、字を書いたり、刺繍をしたり、詩歌を作り始める人があります。またプールに行くとか、ウォーキングするとかして体力をつけ、心身両面での自己を開発すべきです。

98歳で亡くなった作家の宇野千代さんは、「上手に希望を発見する人は、幸福だ」と言われました。小さな希望でもよい、何か心の支えになるものを見出して前向きに生きるようにしましょう。

老年期の住まい方

住環境は心豊かに、安全に

自然を楽しむことが心の支えになります

住宅とその環境は、老人が快適に生活するうえで大切なものです。

住宅は空気のよい、騒音の少ない、欲を言えば緑の自然のある所が望ましいのです。しかしそれは、なかなかむずかしいのです。自分の家に小さくても庭があれば、四季の花を楽しめますが、マンション住まいではベランダに草花の植木を置くことが精一杯となります。

しかし、スペースは狭くても、そこを有効利用して自然を楽しむことは老人の心の支えになります。

専用のトイレ・浴室があると最高

さて、老人が住む家には、プライバシーの保てる居間兼寝室が必要です。それと同時に老人には専用のトイレと浴室が用意されるのが最高で、将来は日本の住宅はその方向に向かうべきです。また、かなり年輩の老人には、畳の部屋が生活に落ち着きを与えます。

老人は第7章にも述べるように転倒しがちなので、家の中の段差をなくすことと、階段やトイレは十分明るい照明をして、老人がつまずかないように配慮すべきです。

自室には使い慣れた家具、思い出の写真類を

老人の住む自分の部屋には、昔から使い慣れた調度品を置き、よき思い出の写真や孫の写真などを貼っておく壁や、思い出の掛け物がほしいと思います。

このようにして、老人が家の中では、また、老人施設の自室の中では、気持ちがリラックスできるように周囲の者は十分に配慮すべきです。

心の中の環境も豊かに整えたい

以上、住まいのための物理的環境のことを書きましたが、外部環境に対して内部環境とは、心の中の環境と言えましょう。

老人がいつも孤独にならないように、老人用のテレビを置き、できれば老人が友達や孫たちと自由に話ができる電話もほしいものです。周囲の者の温かい配慮の心が老人の心の世界を豊かにするのです。

老人は、ややもすると部屋に閉じこもりがちですので、いつでも自分で気楽に外出できるように、外出時の足の便を考えてあげることが望ましいのです。

1週間のうちで、今日はこれ、明日はこれという何かの楽しみがあることが、老人に今日を健やかに生きるエネルギーを与えます。そのようなことは老人の内的な、すなわち心のよい環境作りになると言えましょう。

老人とのコミュニケーション

互いに理解しあうことから、愛が築かれます

視野が狭くなっているため話しかけは真正面から

人間の住む社会、小さくは老人ホームや家族の中で、人と人との情報伝達や心の通いがなくなると、そこに住む人の生活は、ぎしぎししたり、また特に老人の場合は孤独になりがちです。

年齢が進み老人となると、白内障や緑内障が起こって視力が下がり、ものが識別しにくくなったりし、また、難聴となってものが聞こえにくくなります。白内障は人工レンズを入れる手術をすれば、ものがよく見えるようになります。

老人が前方に眼を向けてものを見る時には、真前のものはよく見えますが、よほど注意していないと、側方のものは見えにくくなるものです。つまり視野が狭くなります。

だから老人に話しかける時には、なるべく真前に座って話しかけるようにしないと、側方のものは見落とすことがよくあります。

聴力も低下するため、正面からゆっくりと話します

また、ほとんどの老人は年とともに聴力が下がり、人の声や音が聞き取りにくくなります。補聴器を耳に入れると、ガサガサした雑音が入ってくるので、気持ちが落ちつかず、雑音ばかり気になって補聴器を外してしまう老人が多いのです。

老人は視野が狭くなるのと同様、音の聞こえる領域も狭くなります。老人は正面からゆっくり話す声はよく聞き分けられますが、側方や後方からの呼びかけの声は、聞こえにくくなります。また、老人の耳は、早口で話

す声や、スピーカーを使って放送されるような音や声は、聞き取りにくくなってきます。

そこで老人に話す時は、正面からゆっくりした、歯切れのよい声で話すようにすべきです。

また、視力の低下した老人にものを見せる場合には、明るい部屋か、照明の効いた所を選ぶことが大切です。

「おじいちゃん」「おばあちゃん」や命令調は慎みます

病院や施設に入っている老人に対しては、看護婦さんや介護の方は、「○○さん」と呼ばないで、「おじいちゃん」「おばあちゃん」などの子供言葉で呼びがちです。これは、老人の自尊心をひどく損ねるということをよく覚えておいてください。

老人に物事を説明する時には、早口でものを言い、しかも「わかったでしょう」と、せっかちに語呂を強めて言うような話しぶりは避けるようにすべきです。

老人の中には、もの忘れが高度にある人があり、また80歳以上の老人は、その20%が痴呆になります。そのような老人の世話をする人は、ものやさしい態度で接し、命令的な態度で行動を強いることがないようにすべきです。

施設入所中の老人に対して命令口調で「早く起きなさい」と言って、行動を強いるのでなく、「早く起きましょうね」といった柔らかく、相手の心を支える語調で、本人の自主性を高めるようにすべきです。

やさしい触れ合い、敬老のマナーを大切に

人と人とのよいコミュニケーションは決して言語だけで果たされるものではありません。言葉かけ以外に、手の触れ合いや、やさしい表情やしぐさによる心の伝達が非常に大切です。そのことをいっしょに住んでいる家族のだれもがよく心得、また、老人の施設で働く職員のひとりひとりが承知していなければなりません。ほかの人がいる所では、老人をまず立てるという日本古来のマナーは、よいしきたりとして、次代の者が継承すべきです。

よいコミュニケーションによって人と人とが互いに理解しあうこと、愛は、その理解の上に築かれるものと思います。

「ケア」は愛の心

いちばん大切なことは「心のお世話」

「ケア」というのは世話をすること

近年、老人の「ケア」という言葉が通常語のように使われるようになりました。ケアという英語のもともとの意味は「世話をする」ということです。

自分で自分の衣食住のことができるのを自立と言いますが、自分自身の身の回りのことすべてを配慮することを英語では、セルフケアと言うのです。

医師の行う医療はメディカルケア、看護婦の行う看護はナーシングケアと言います。家族や介護する人が老人の身の回りの世話をすることもケアと言われます。

老人に役割を持たせ、生活域を広げるお世話を

家族が老人を世話するうえでいちばん大切なことは、老人の人格を認めて、老人の知力や体力が衰えひどく老化していても、幼い子供を扱うような言動は避けるということです。

老人が自分の使った食器が洗えるなら、それは自分でさせるようにし、一家の食卓の準備をするにも老人に何かの役を持たせることも大切です。

老人を世話するというのは、老人が転ばないようにし、歩行を助けるなどの防御的な手助けを提供することに終わるのでなく、老人に何かの役を与え、老人の意見を聞き、老人が積極的に行動できるように配慮をしてあげることです。

そのようにして、老人の生活域を

広くすることが望ましいのです。

愛の心をお世話の中に表すには

何かよいニュースがあればそれをいちばん先に老人に伝え、〇〇日に行事があるとか、孫が帰ってくるとか、古いクラス会があるといった時には、大型のカレンダーの中にマークしておいてあげることも大切です。

車いすで生活しなければならない老人には、室内をたやすく移動できるように、調度品の置き場所などについて細心の注意を払うべきです。

老人を世話するについてのいちばん大切なことは、その基盤に心の世話をするという思いがあるということです。愛の心が、言葉かけや行動の中に具現されることが何よりも大切だと言えましょう。

寝たきりの人は、時々戸外へ。体位とともに、心の交換を

最後に病床にある老人、寝たきりの老人について一言申します。このような老人は、今いる部屋の中で寝たきりの体位でいつも天井を眺めていると、刺激のない生活を余儀なくされ、体はますます固くなって手足の動きも悪くなり、頭の働きも悪くなります。

老人を時々部屋の外に連れ出し、日光に当てたり、そよ風の吹く所で自然に触れるようにしてあげること、また孫たちが時々訪れるように家族の者が配慮することが大切です。

寝たきりの老人には、床ずれが起こらないように、体位交換に気をつけるとともに、心の環境の交換にも留意することが望ましく、そのようなことが老人にとってのよい世話と言えましょう。

第2章

環境整備と体の清潔

保健婦
紅林みつ子
東京慈恵会医科大学医学部
看護学科講師
櫻井尚子
（文責：編集部）

●寝心地のよいベッドづくり
●寝かせたままで行うシーツ交換
●洗面は、さっぱりと心地よく
●歯磨きは、とても大切なケア
●ひげそりもお忘れなく
●整髪で気分もさっぱり
●ベッドで行う洗髪
●鼻・耳・つめの手入れ
●全身清拭で気分爽快！
●気軽に手浴・足浴を！
●陰部洗浄は、手際よく
●入浴介助のポイント

寝心地のよいベッドづくり

シーツは、1週間に1〜2回交換を

介護を受けるお年寄りにとって、ベッドの上は大切な生活の場。シーツやかけ物は清潔に、快適に整えたいものです。
シーツは、できれば1週間に1〜2回は交換します。大きさは、丈・幅ともにマットレスより10㎝以上大きく、ゆったりしたものを使用。木綿の平織が寝ている方には気持ちがいいようです。
のりづけは、固すぎると床ずれの原因になることがあるのでご注意を。

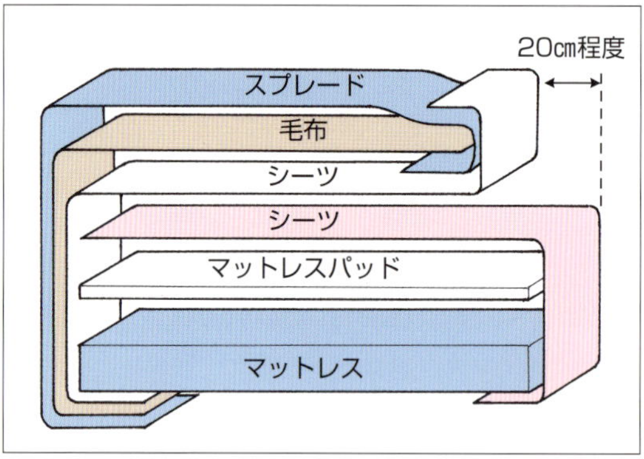

ベッドメーキングの基本

ベッドは左の図のように、マットレスとマットレスパッドをシーツでおおいます。
その上にシーツと毛布をかけ、毛布は必要に応じて枚数を追加。スプレードで全体をおおいます。

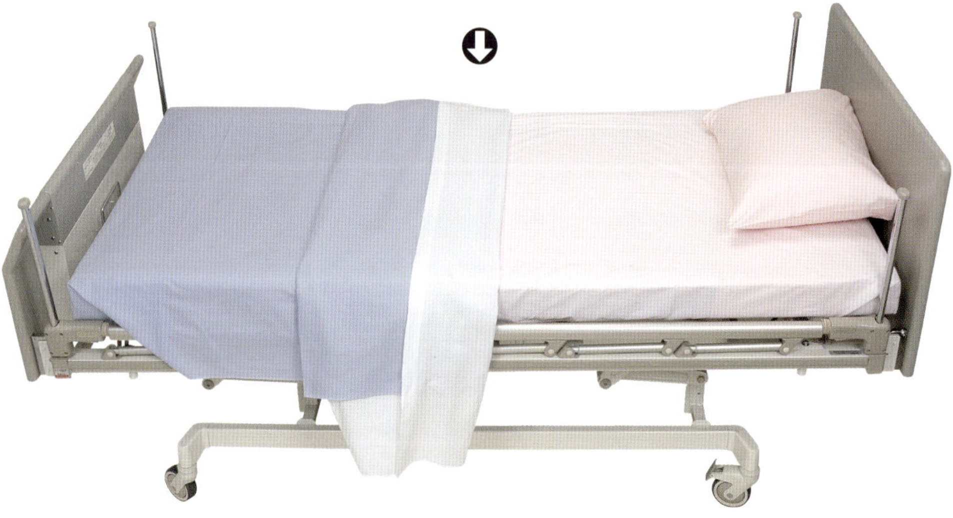

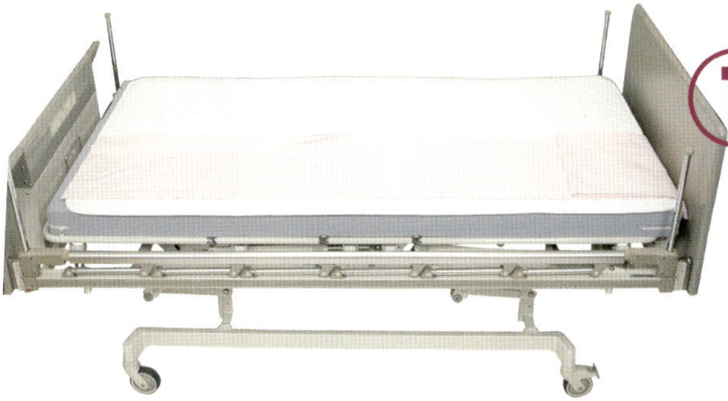

①
シーツは、縦半分に2回、さらに横半分に2回折ってたたんでおきます。
たたんであるシーツを、まずベッドの縦半分に広げます。

②
マットレスの頭部にシーツの端を折りこみます。マットレスの下でシーツが丸まらないよう、しっかり引いて、平らに敷きこみます。

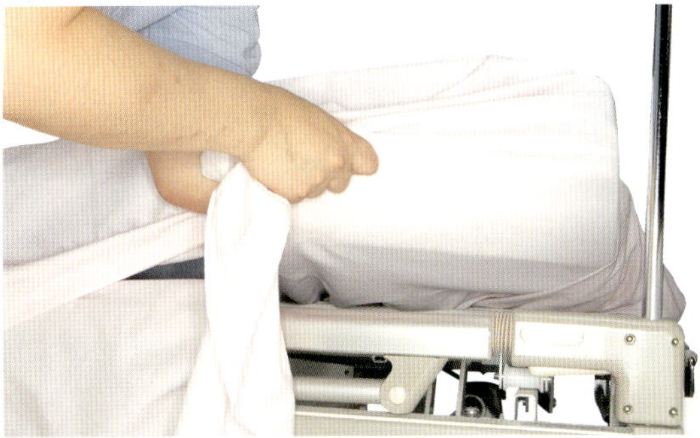

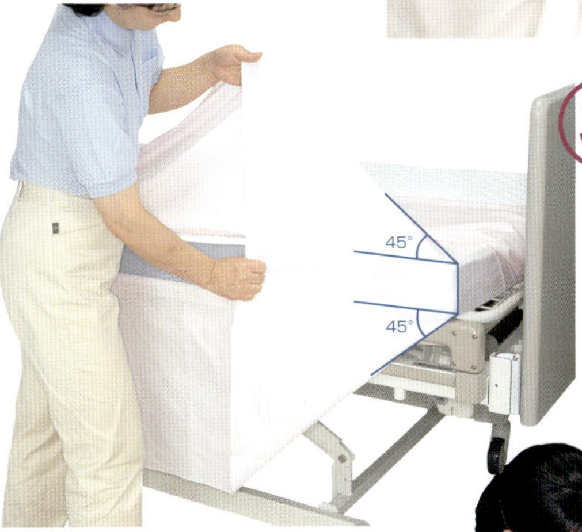

③
写真のようにシーツを持って、マットレスの側面に三角形を作ります。その際、シーツのわき線とマットレスを直角にします。

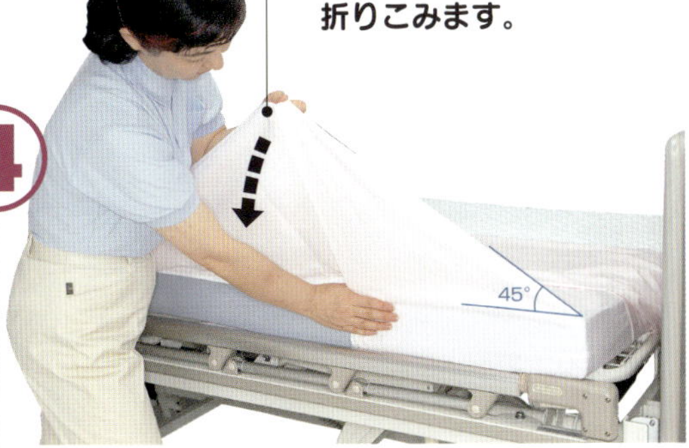

④
シーツの三角形の下の部分を、マットレスの下に折りこみます。
三角形の底辺をマットレス側面の上の角で押さえながら、シーツの上の部分もマットレスの下に入れます。

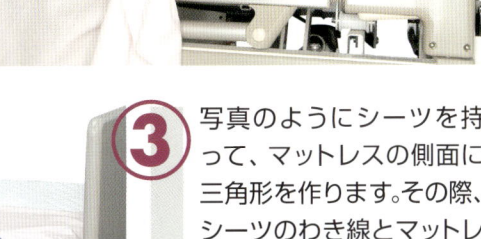

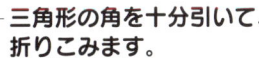

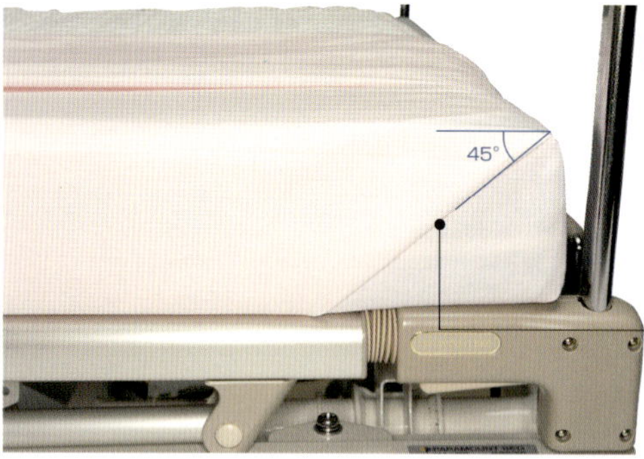

5 マットレスの頭側に三角形の折り目ができました。こうすると、見た目もきれいなベッドができます。

シーツを三角形に折りこむのがポイント。

6 ベッドの反対側に回り、シーツを両手で引き寄せます。しわがないよう平らにのばし、手前と同じに折りこみます。

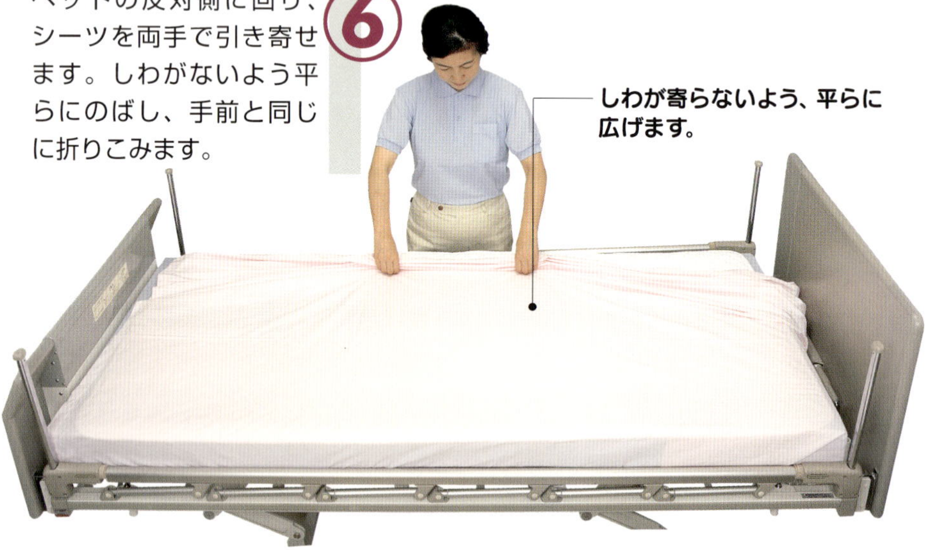

しわが寄らないよう、平らに広げます。

7 上用のシーツをベッドの頭側の端に合わせます。足元の余分なシーツはマットレスの下に入れます。シーツの角はマットレスの角に合わせ、指先でシーツの端がくずれないよう押さえながら、マットレスの線に合わせて下に入れこみます。

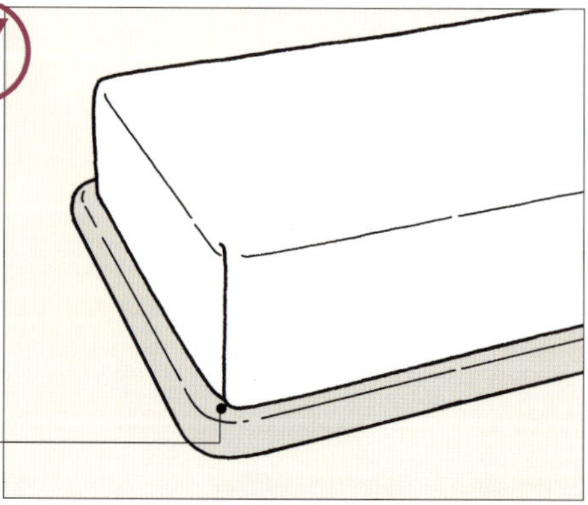

上用のシーツは足元だけを四角に折りこみます。

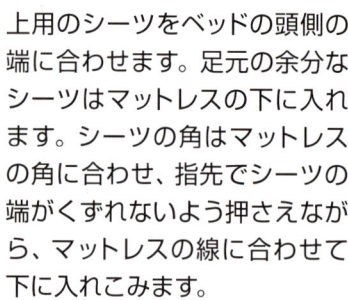

8 上用のシーツの上に、毛布をかけます。毛布はシーツの上の端より15～20㎝下に置き、足元を四角に折りこみます。

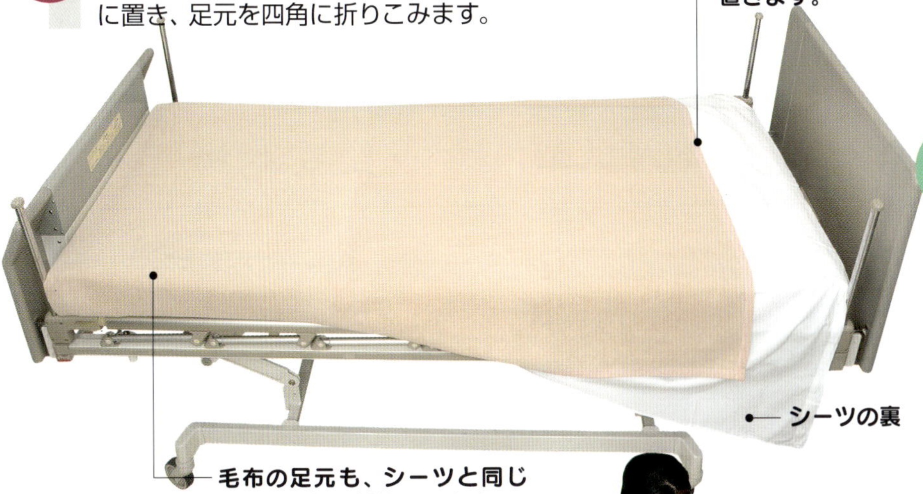

9 毛布の上にスプレードをかけます。足元は三角に折ります。ベッドを使用する時は、頭側は毛布に折りこんで、さらに上のシーツを折り返します。

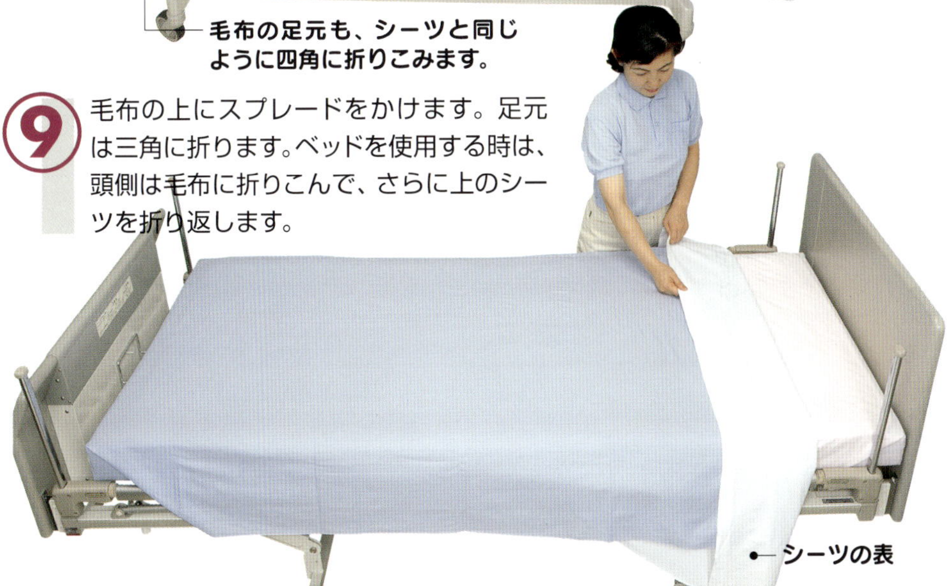

10 枕カバーの角は、枕の角ときちんと合わせます。枕カバーが大きい場合は、片方を合わせ、反対側を折りこみます。

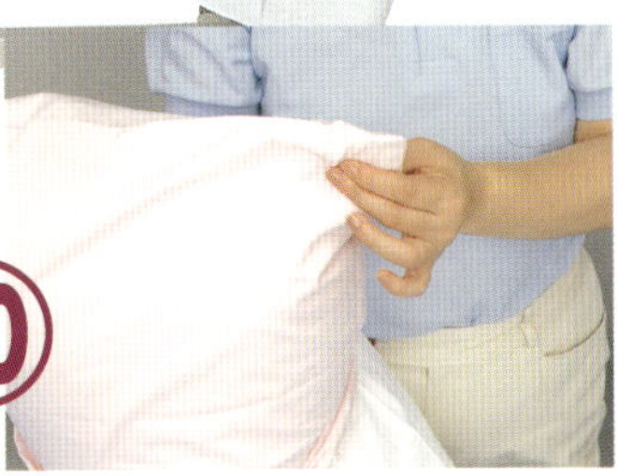

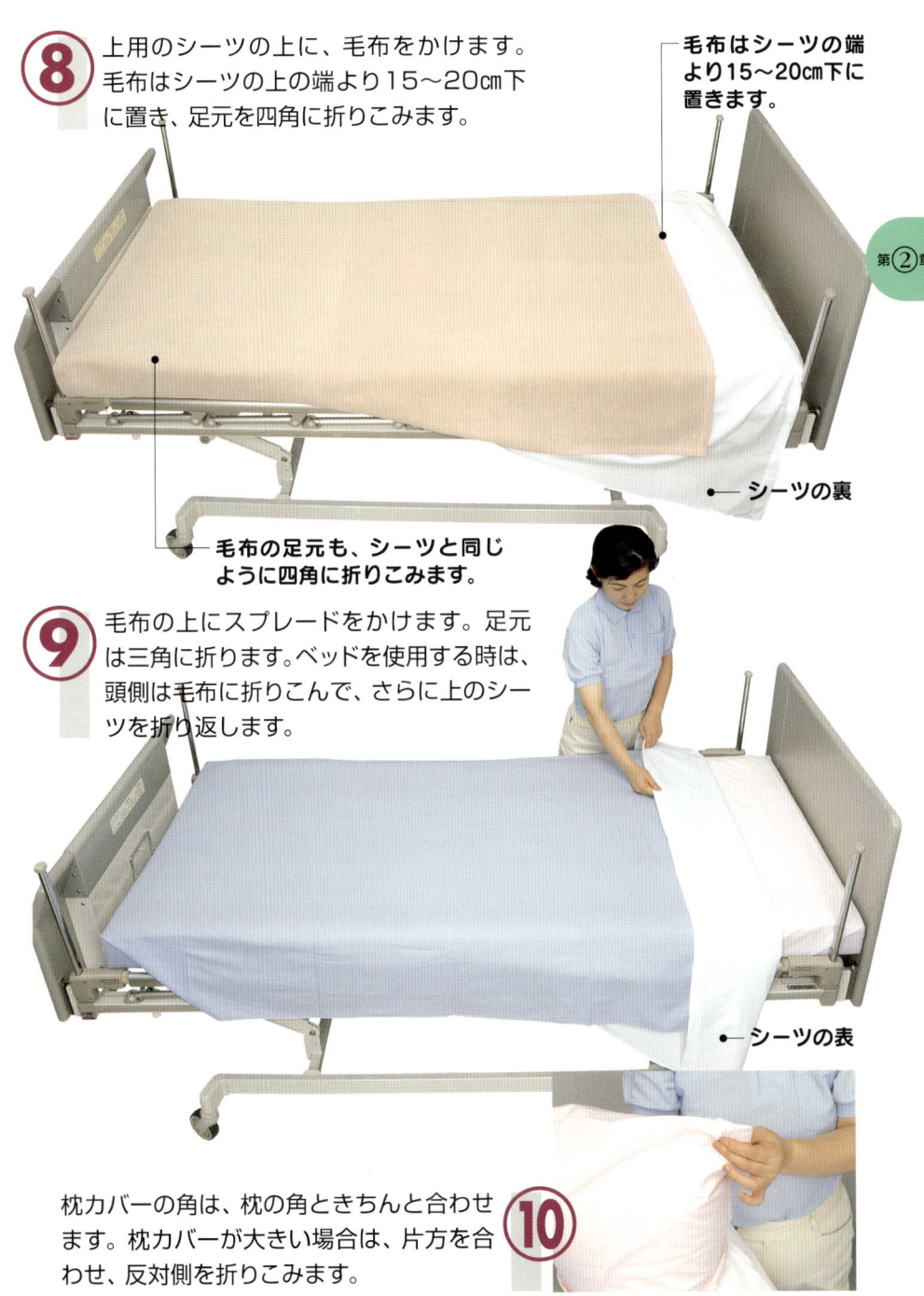

寝かせたままで行うシーツ交換

起き上がれない場合は、片側ずつ行います

ベッドの片側へ体を移すことで、お年寄りを寝かせたままシーツ交換ができます。ベッドの半分ずつ、使用していたシーツを丸め、新しいシーツを広げます。

1 お年寄りにベッド上で左右どちらかの側へ移動してもらいます。移動側のベッド柵を必ず上げておきます。

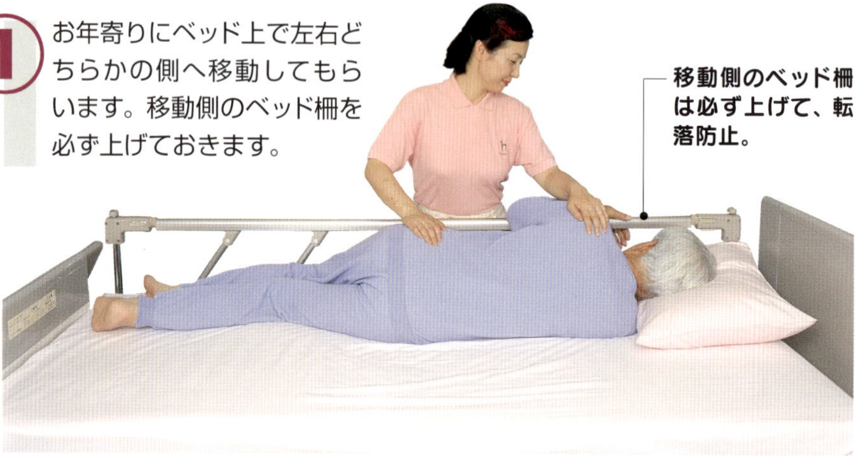

移動側のベッド柵は必ず上げて、転落防止。

2 使用していたシーツを手前から巻いていき、お年寄りの体の下に押しこむようにします。

※お年寄りに綿毛布やタオルケットをかけて行います。

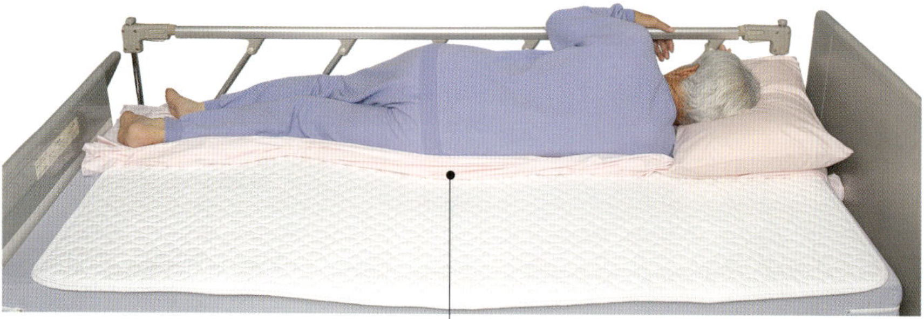

使用していたシーツは、表が内側になるよう、丸めていくのがポイント。

3

新しいシーツの縦の中心線を、寝床の中心線に合わせて置きます。シーツの下端はマットレスの下端に合わせ、手前側をしわがないように平らに広げます。

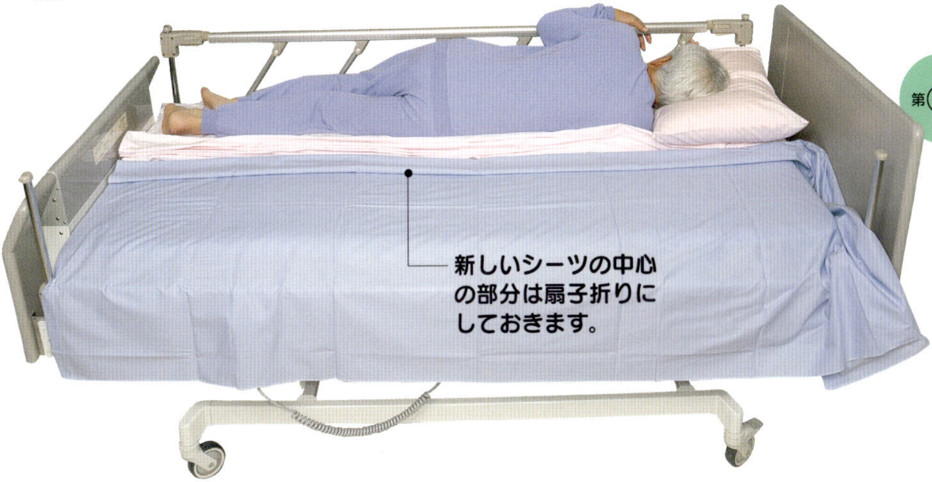
新しいシーツの中心の部分は扇子折りにしておきます。

4

新しいシーツでマットレスの手前半分を包みこみます。この時、頭側はシーツの角を三角形にし、足元はそのままマットレスの下に入れこみます。

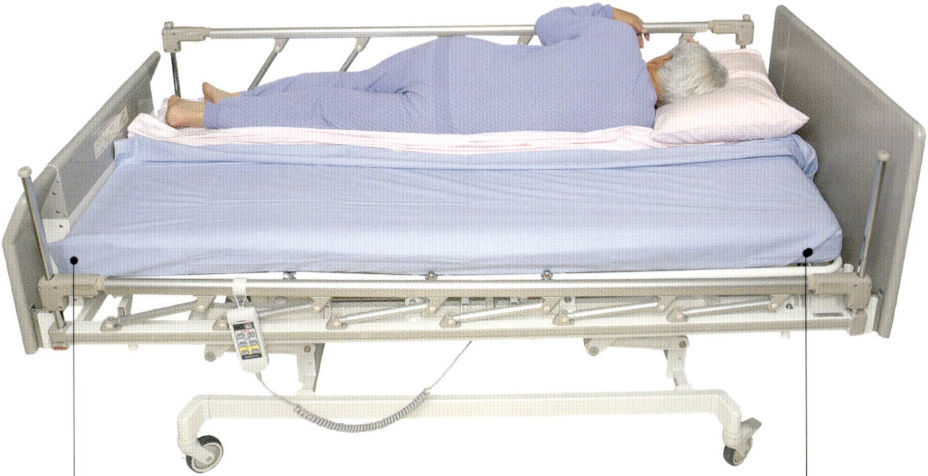
足元のシーツはマットレスの下端に合わせて、下に入れこみます。
頭側はシーツを三角形に折りこみます。

5

お年寄りに体の向きを変えて、きれいなシーツの側へ乗り移ってもらいます。
自分でできない場合は、介護者が援助します。

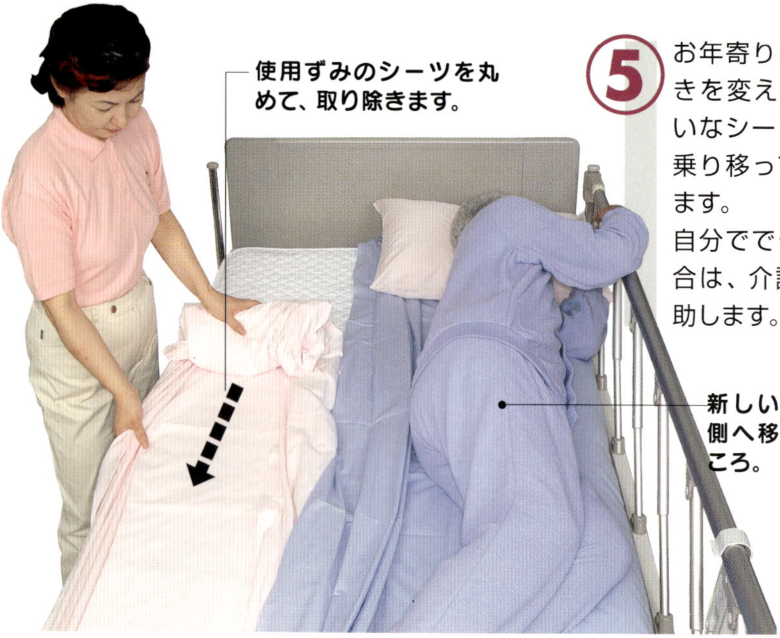
使用ずみのシーツを丸めて、取り除きます。
新しいシーツの側へ移動したところ。

6

新しいシーツを両手で手前に引き、しわがないようにのばします。
シーツの端は、反対側と同じようにマットレスの下に入れこみます。

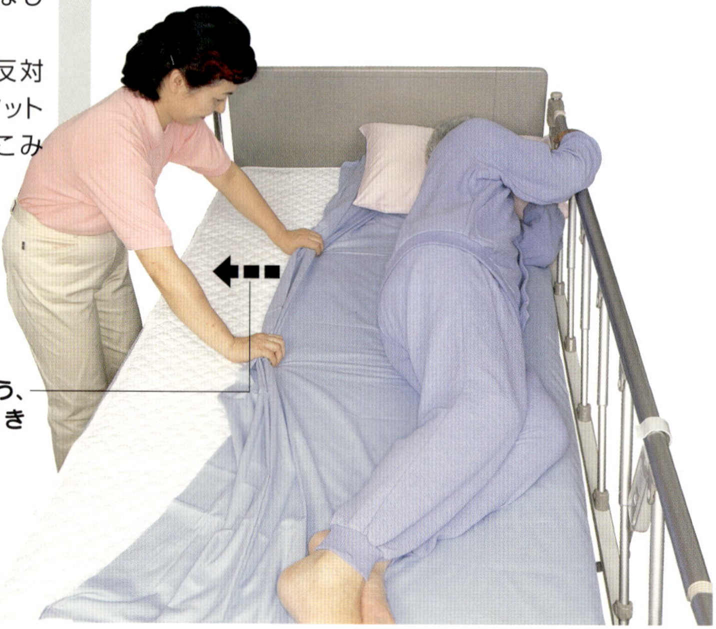
しわを作らないよう、シーツを十分に引きます。

7 シーツ交換が終わったら、お年寄りにベッドの中央に戻ってもらいます。枕カバーも交換。衣類のしわをのばして整え、かけ毛布も新しいシーツで包んで作ります（P23参照）。

マットレスの下にシーツが丸まらないよう、きれいに折りこむと、ずれにくくなります。

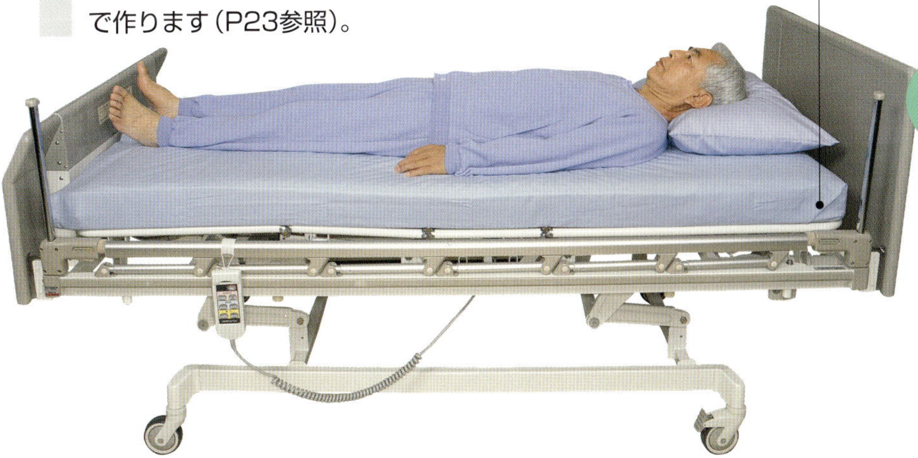

ベッド周りの小物は、ワゴンにまとめて

お年寄りの用具や小物は、ワゴンにまとめておくとベッド周りがすっきり。
介護の妨げになる時は、簡単に移動できます。
飲み物、時計、思い出の写真、ティッシュペーパー、タオルなど本人の希望を取り入れて用意します。
必要な用具を、見た目もきれいに清潔に整えます。

洗面は、さっぱりと心地よく

洗面から、快適な1日が始まります

朝の洗顔は、清潔のためだけでなく、お年寄りがはりのある1日を送るためにとても大切です。朝起きて、まず、気持ちよくさっぱりとすることで、生活リズムも整っていきます。

自分でできる人には必要物品を用意

洗面所への移動はむずかしくても、洗顔そのものは自分でできるという場合は、手の届くところに必要な物品を用意します。
その人がやりやすい位置に物を置くよう配慮します。

胸元に、タオルをかけます。

同時に行う歯磨きの道具もまとめてそろえます。

物品の下にもタオルを敷くと、すべりにくく、周囲に水滴が飛び散っても安心です。

石けんを用いるとさっぱりします。

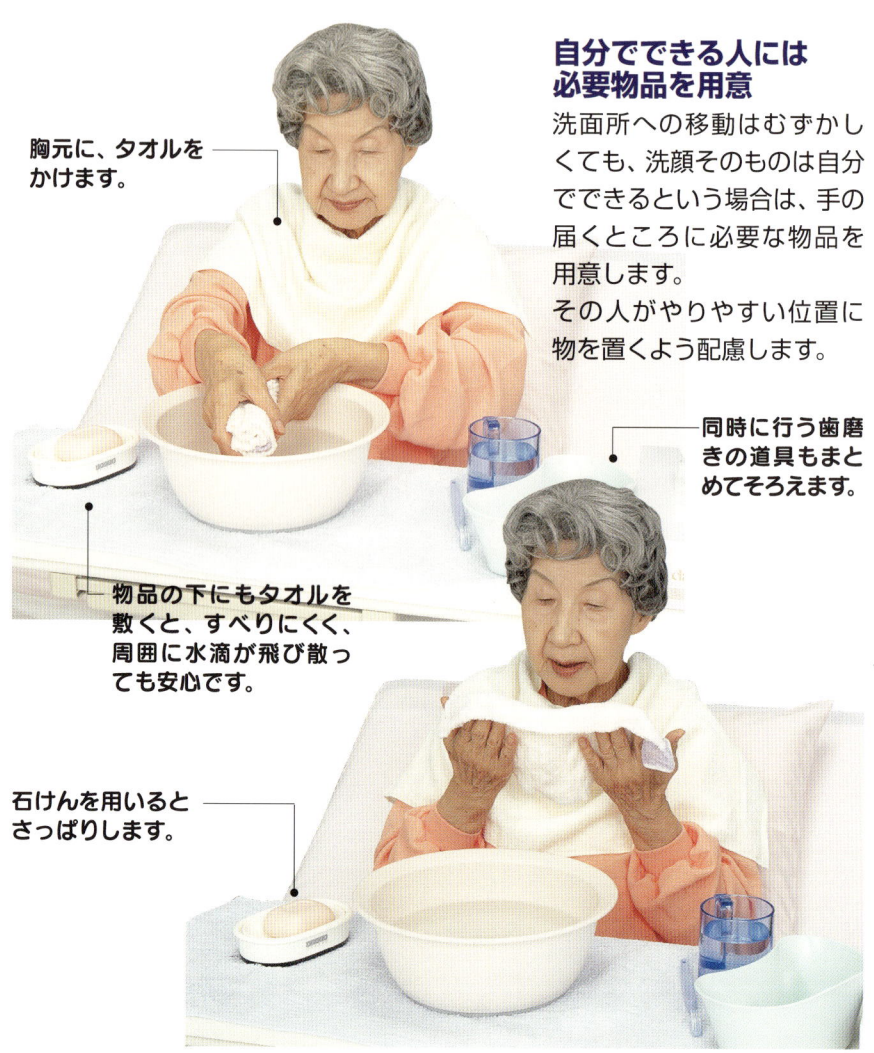

自分でできない場合は介護者がお手伝い

洗面が自分でできない場合は、熱めのお湯を用意し、絞ったタオルでお年寄りの顔をふきます。タオルは厚手の物を用意すると肌への感触がソフト。手にタオルを巻き付ける方法は、43ページを参考にしてください。

お湯は冷めるので、熱めに用意します。

石けんを用いるとさっぱりします。

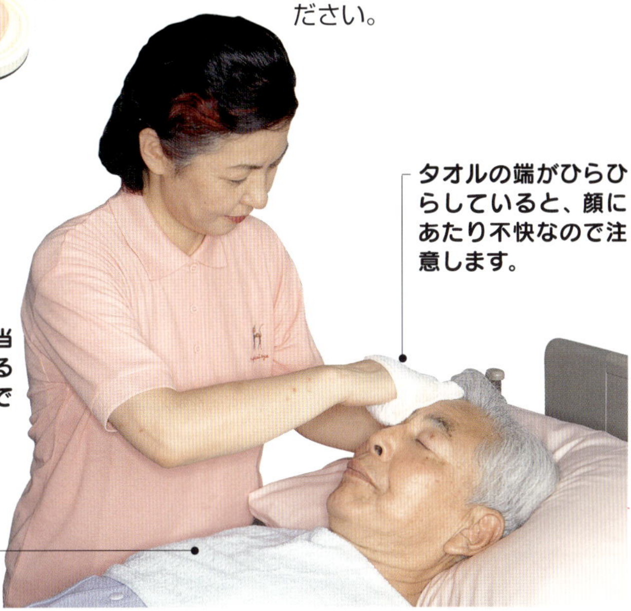

タオルの端がひらひらしていると、顔にあたり不快なので注意します。

襟元にはタオルを当てます。襟がぬれると気持ちが悪いので気をつけて。

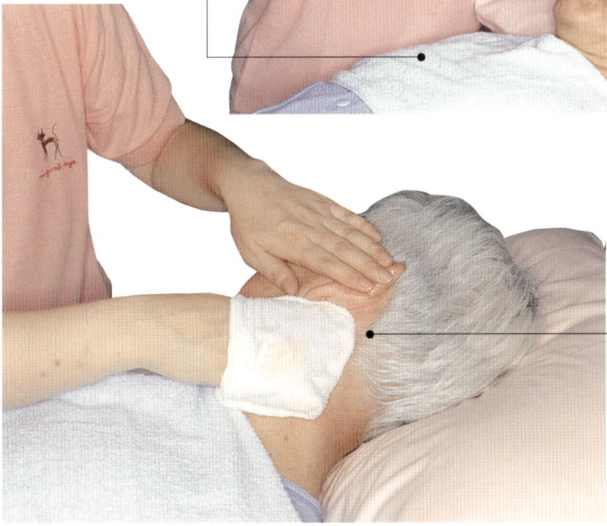

目尻、耳の後ろなども、ふき残さないように。自分でできる場合は、絞ったタオルを渡し、気になる部分をふいてもらいます。

歯磨きは、とても大切なケア

感染予防や食欲アップにつながります

口の中を清潔に保つことは、肺炎などの感染を予防したり、食欲増進にもつながります。年をとると唾液が減り、口の中の自浄作用も低下するので、清潔を保つうえでも、毎食後に歯磨きを行いたいものです。

自分でできる人には、準備を

洗面所への移動はむずかしいけれど、歯磨きそのものは自分でできるといった人には、手の届くところに歯磨き用品を準備します。
歯ブラシ、歯磨き粉、うがい水、うがい受けを本人がやりやすい位置に置きます。

うがい用の水は、大きめのカップに用意します。
胸元にはタオルを当てます。
うがい受け

介護者が手伝う場合

なるべく口を大きく開けてもらい、小さ目の歯ブラシを使います。歯磨き粉は、つけなくてもかまいません。

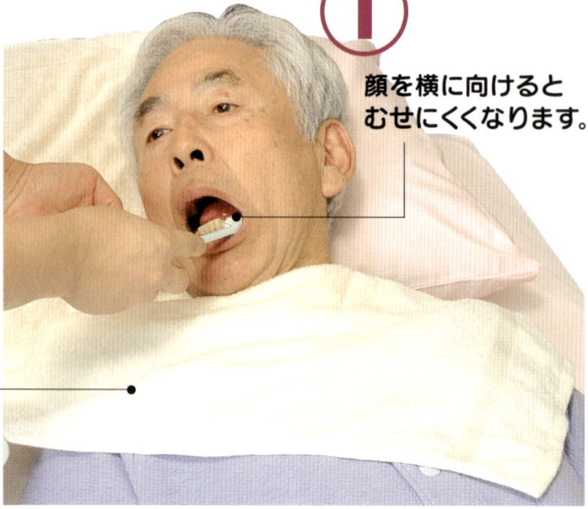
①
顔を横に向けるとむせにくくなります。
タオルで襟元から、枕まで広めにおおいます。

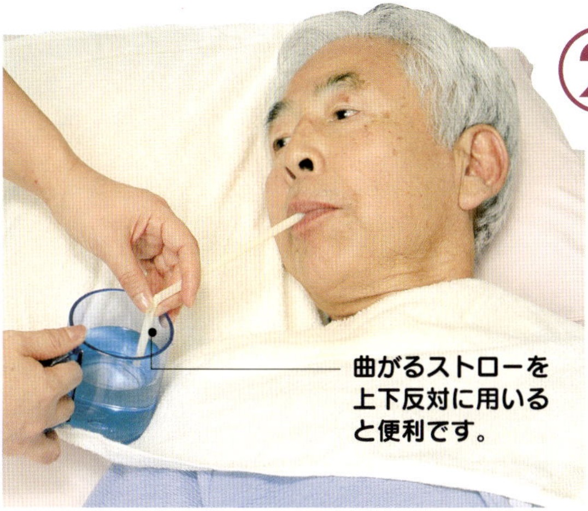

曲がるストローを
上下反対に用いる
と便利です。

② 寝たままでうがいを行うには、ストローを使用する方法があります。コップから水を吸い上げ、口に含んでもらいます。

③ うがいには、吸飲みを使う方法もあります。お年寄り自身がやりやすい方法を選んでください。

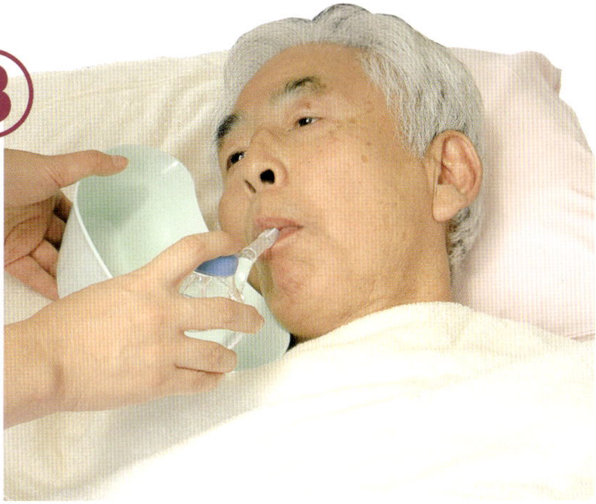

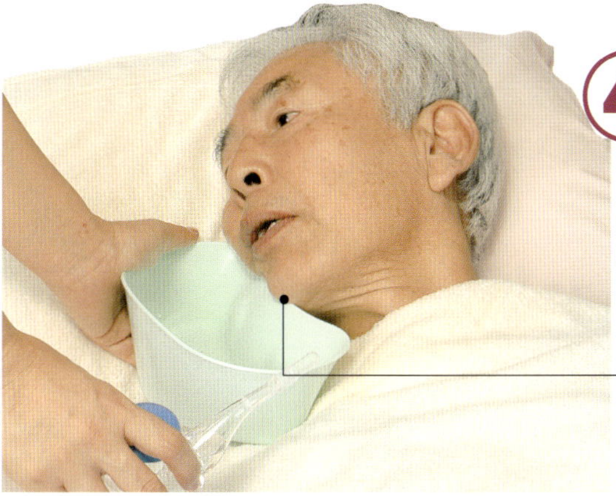

容器を密着させること、
静かにうがい水を出すこ
とがポイント。

④ うがい受けをお年寄りのほおに密着させ、静かにうがい水を口の端から流し出してもらいます。勢いよく飛び散らせないよう注意。

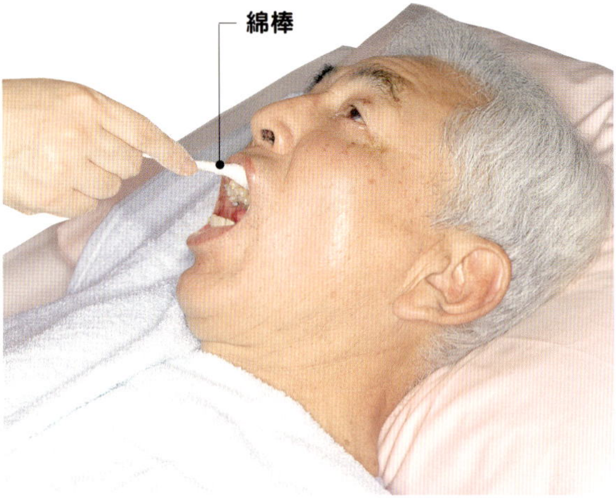
綿棒

歯ブラシが使えない時

歯ブラシが使えない時は、綿棒に水を含ませて歯・歯茎・唇の内側などをふきます。
使い捨て手袋をして2本指にガーゼを巻き、口の中をふくこともできます。

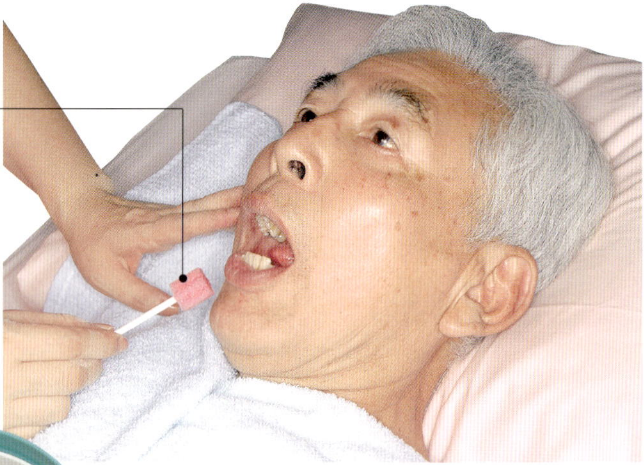
口の中をふくためのスポンジも市販されています。

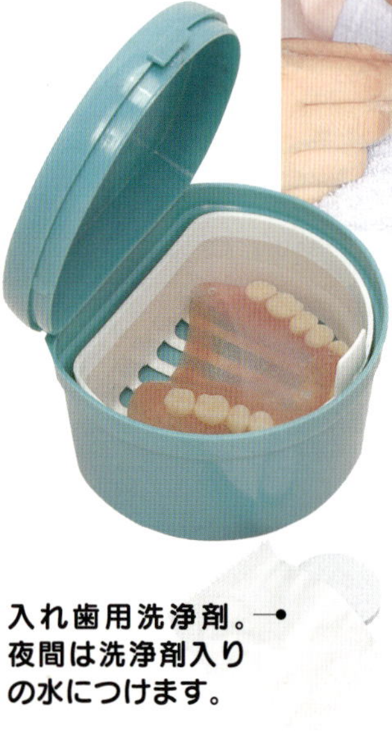
入れ歯用洗浄剤。夜間は洗浄剤入りの水につけます。

入れ歯の手入れもこまめに

入れ歯は食後必ず外し、流水に当てながら歯ブラシで磨きます。寝る前にも外して、洗浄剤の入ったコップにつけておきます。ふたつきの専用容器を用意すると便利。入れ歯は乾燥すると、変形してしまうので注意してください。

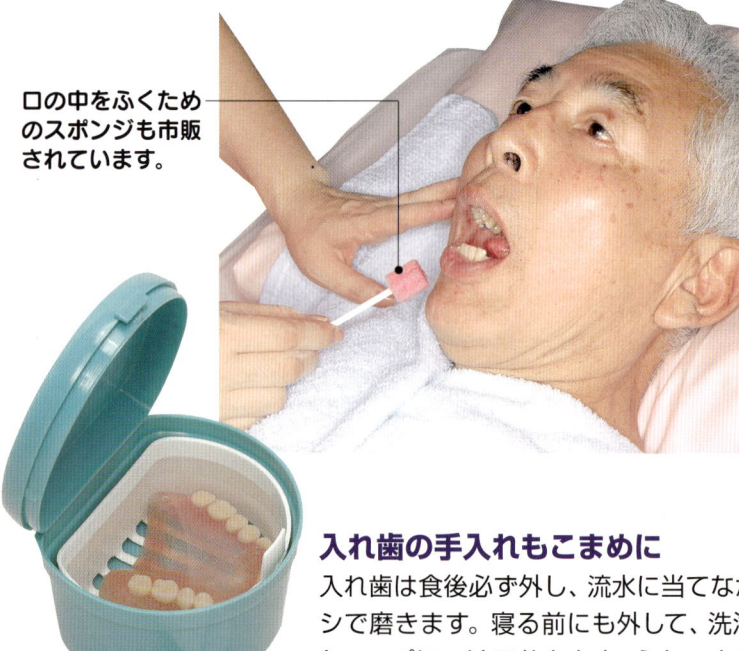

ひげそりもお忘れなく

できれば洗面時に、ひげそりも毎日行いたい

ひげがのびていると、やつれた印象を与えるだけでなく、お年寄り自身の気分も引き立ちません。自分でできる人には電気かみそりを渡し、自分でできない人には介護者がお手伝い。洗面時に毎日行います。

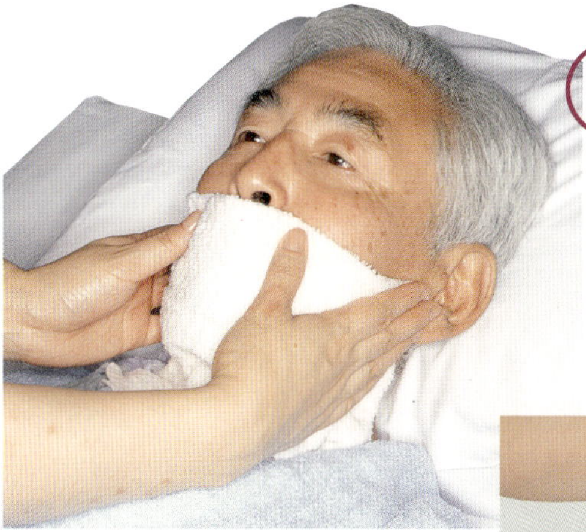

1 ひげをそる前に蒸しタオルを当てて、ひげを柔らかくします。
この時、鼻までおおうと息苦しいので注意。

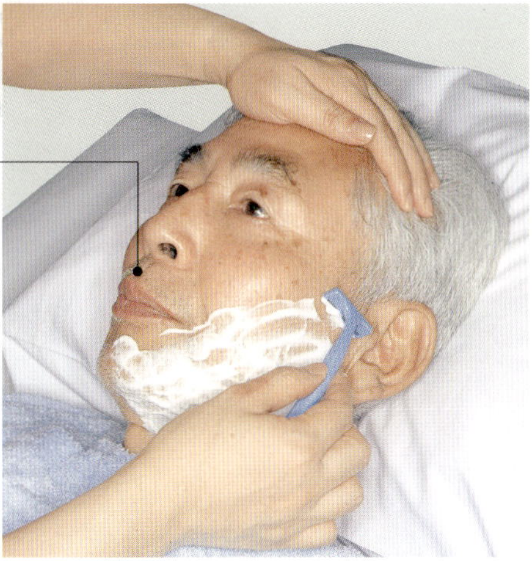

鼻の下は、息で膨らませてもらうとそりやすくなります。

片方の手で皮膚を引くようにすると安全で、そり残しがありません。

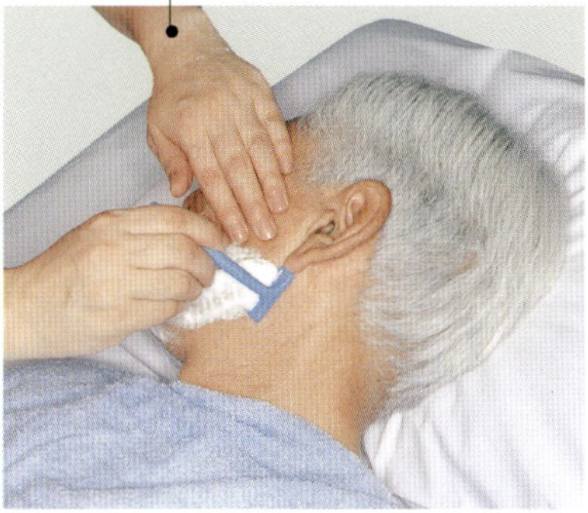

2 ひげそり用のクリームをつけて、安全かみそりを当てます。クリームはたっぷりつけて、皮膚を傷つけないようにします。
あごの裏、鼻の下など、そり残しがないよう注意してください。

整髪で気分もさっぱり

身だしなみのお世話から、生活にはりが出ます

たとえ1日ベッドにいるお年寄りでも、髪をきれいに整えると気分がさっぱりするだけでなく、生活にはりが出ます。
髪型は一方的に押しつけず、お年寄りの希望を聞いて選びたいものです。

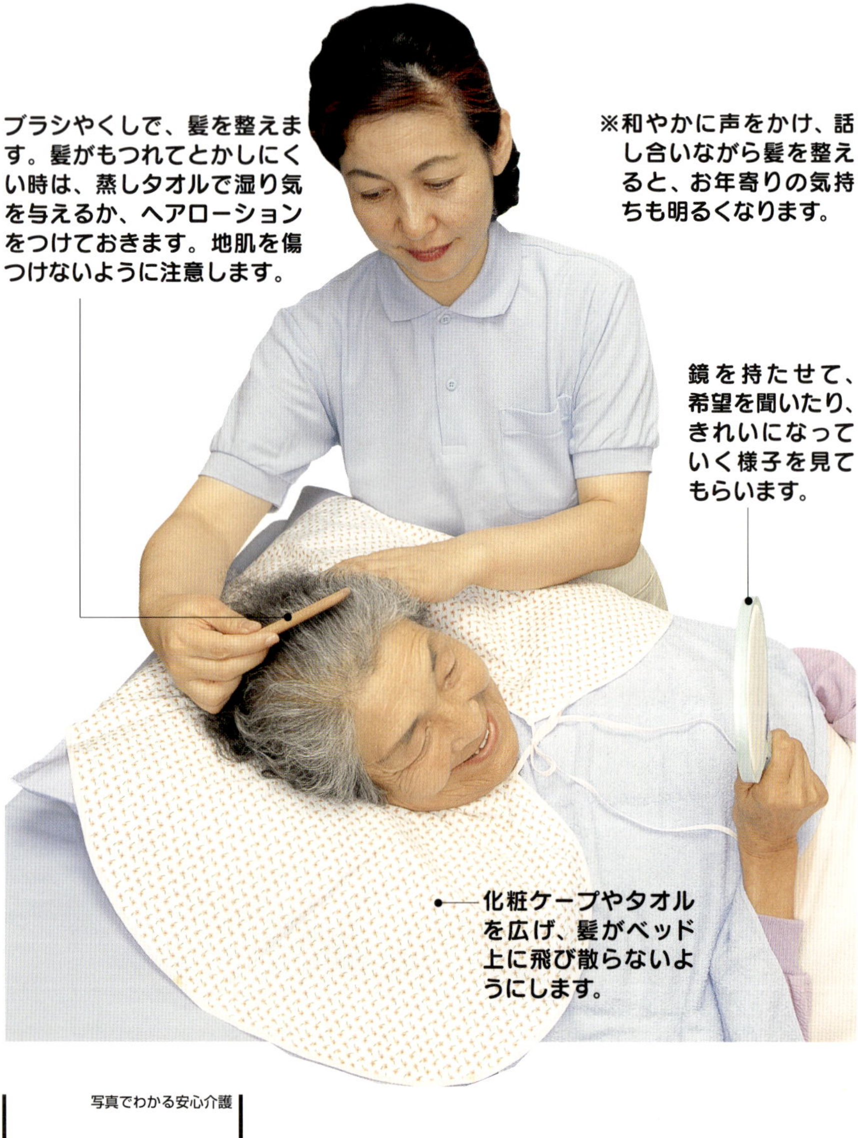
ブラシやくしで、髪を整えます。髪がもつれてとかしにくい時は、蒸しタオルで湿り気を与えるか、ヘアローションをつけておきます。地肌を傷つけないように注意します。
※和やかに声をかけ、話し合いながら髪を整えると、お年寄りの気持ちも明るくなります。
鏡を持たせて、希望を聞いたり、きれいになっていく様子を見てもらいます。
化粧ケープやタオルを広げ、髪がベッド上に飛び散らないようにします。

ベッドで行う洗髪

ベッドでの洗髪も、慣れれば簡単です

寝たまま髪を洗う方法は、一見大変そうですが、慣れれば簡単にできるようになります。1週間に1～2回は洗髪をし、お年寄りに爽快な気分を味わってほしいものです。

身近な物品を工夫して

タオル、バケツ、洗面器、やかん、洗髪パッド、ビニールの風呂敷など、身近な物品を利用して洗髪を行うことができます。

まず、枕元の準備から

ベッドの上端に枕を置き、その上にビニール、バスタオルを敷きます。洗髪用パッド(P.38参照)を首の下に当て、襟元に四つ折りタオル、目の上にもタオルを当てます。

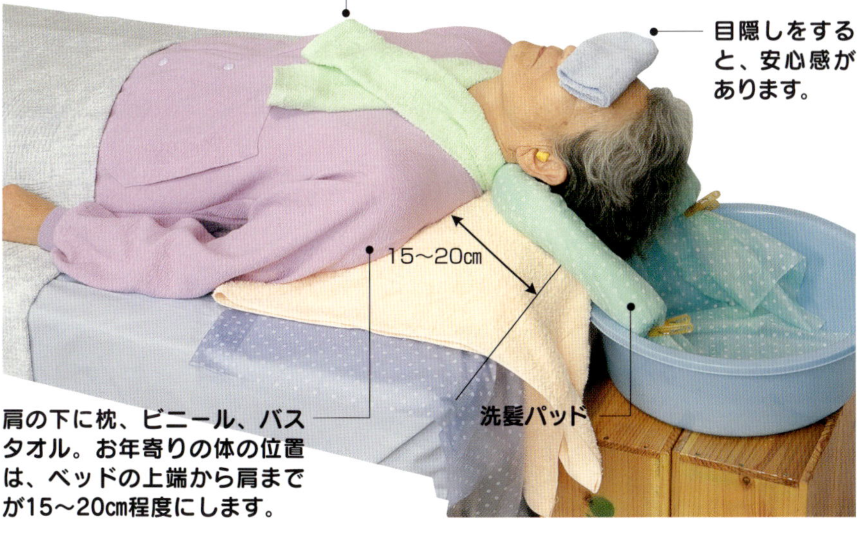

襟元に四つ折りタオル。浴衣の場合は、襟に折りこみます。
目隠しをすると、安心感があります。
15～20㎝
洗髪パッド
肩の下に枕、ビニール、バスタオル。お年寄りの体の位置は、ベッドの上端から肩までが15～20㎝程度にします。

手を当てて、お湯が耳に入らないようガード。

① やかん、または手おけで頭髪にお湯をかけます。やかんの口を地肌につけると、お湯が飛び散りません。お湯の温度に注意します。

介護者の手にお湯をかけて、温度を確認。

つめを立てず、指の腹で地肌を洗います。

② シャンプーを手につけて、頭皮をマッサージするように洗います。片手で頭を支え、片手で洗うようにすると、頭が安定してお年寄りに安心感を与えます。

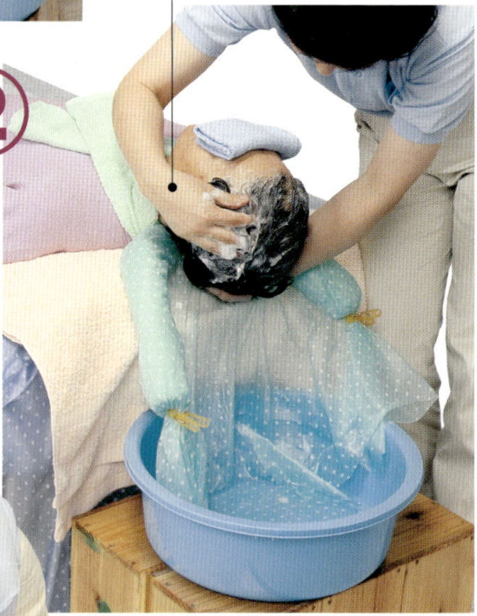

頭の後ろ、耳の後ろは洗い残しやすいので注意。

③ 頭の後ろや両側は、お年寄りの頭を横に向けて洗うと、手が行き届きます。
頭を動かす時は、いきなり行わず、必ず声をかけます。

片手で頭を支えます。

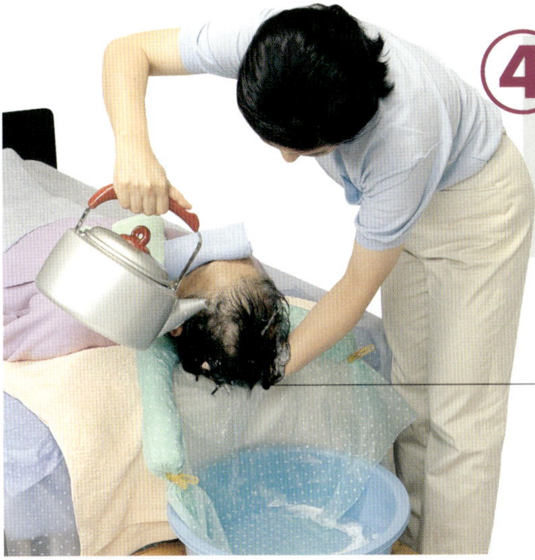

4 片手でお年寄りの頭を支え、片手でお湯をかけます。
やかんの口を地肌につけてお湯をそそぎ、十分にすすいで、石けん分を残さないようにします。

すすぐ前にシャンプーの泡をタオルでふきとると、すすぎが簡単。

5 すすぎ終わったら、片手で頭を支えて洗髪パッドを静かに外します。

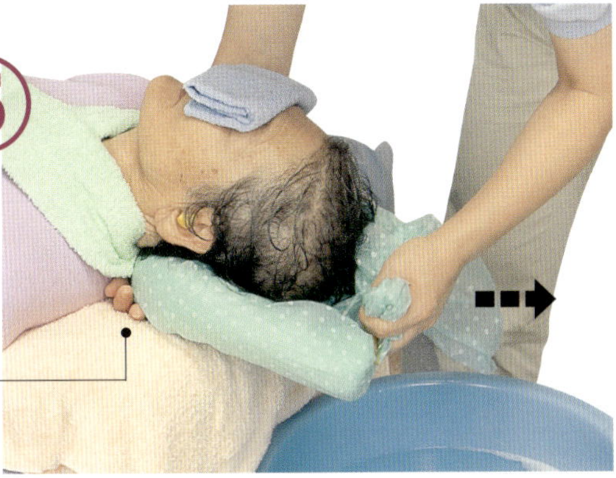

片手で頭を支え、片手でパッドを外します。

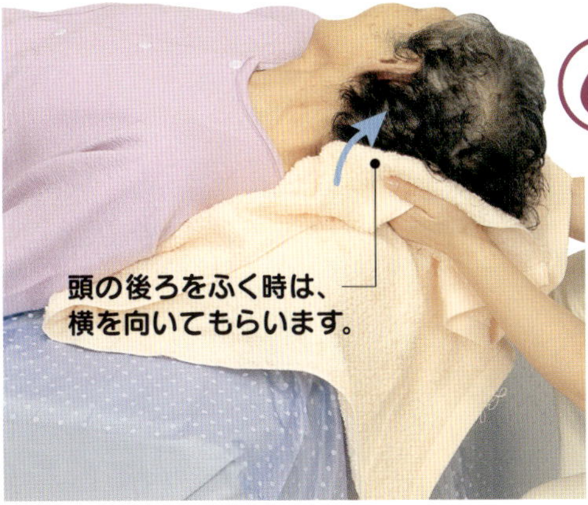

頭の後ろをふく時は、横を向いてもらいます。

6 下に敷いてあるタオルで頭をおおうようにして、十分にふきます。お年寄りに横を向いてもらい、頭の後ろもよくふきます。
必要により、ドライヤーで乾かします。

簡単・便利――洗髪用パッドの作り方

バスタオル、ビニールの風呂敷、洗濯バサミ。これだけの品物で、洗髪に欠かせない洗髪用パッドを作ることができます。パッドには既製品もありますが、これは手軽にできて軽く、元に戻せば場所をとることもありません。

① バスタオルを2つに折り、端からきつく巻いていきます。タオルの幅は、50～55㎝が適当です。

② ①で巻いたタオルを両手で持ち、ビニール風呂敷の角にのせます。ビニールでタオルを巻きこんでいきます。

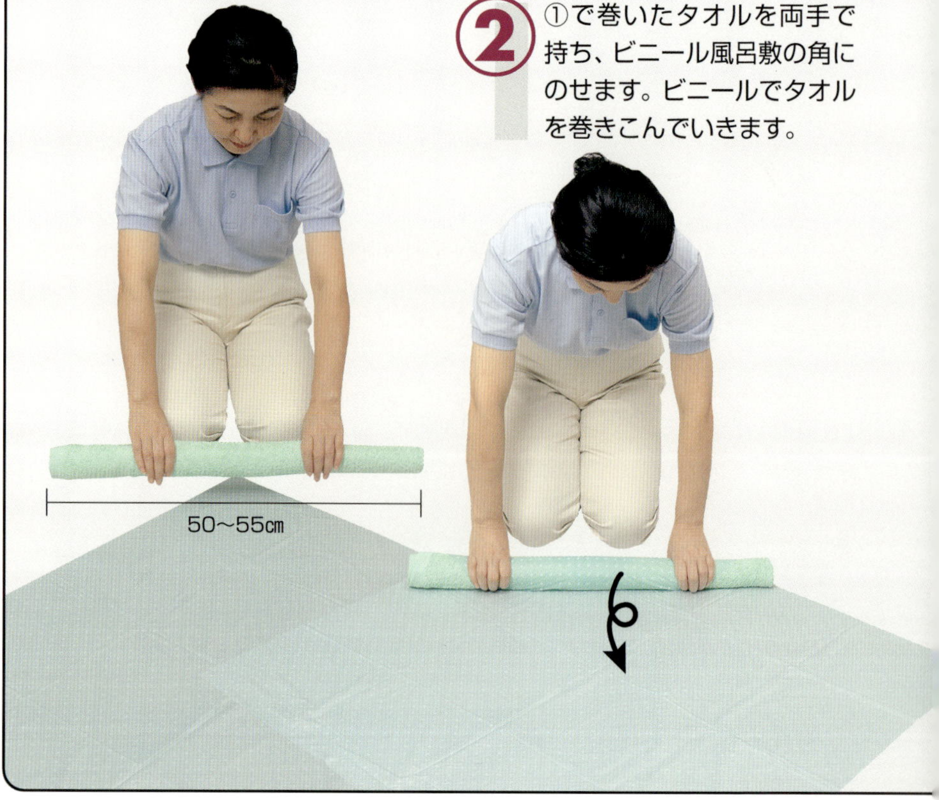

3 ビニールの半分ぐらいまで巻いたら、タオルの両端を内側に向けて巻きこみ、徐々にU字形を整えるようにします。

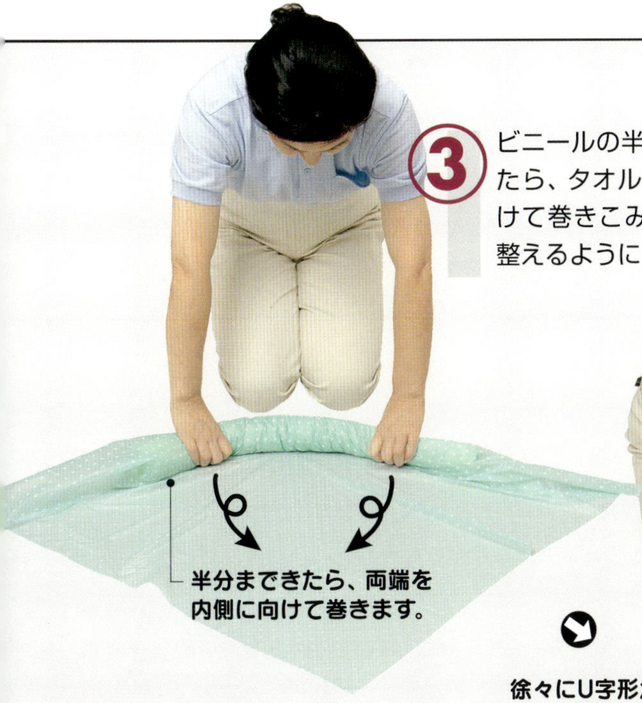

半分まできたら、両端を内側に向けて巻きます。

徐々にU字形が整ってきます。

4 U字形が完成したら、タオルが終わるあたりのビニールを洗濯バサミでとめ、U字形を固定します。使う時は、裏返しにします。

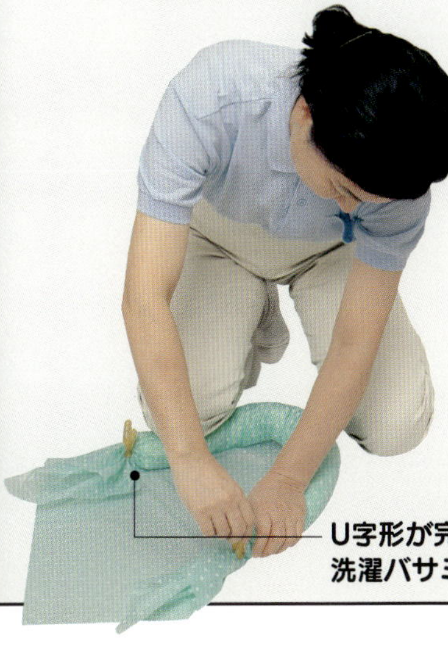

U字形が完成したら、洗濯バサミでとめます。

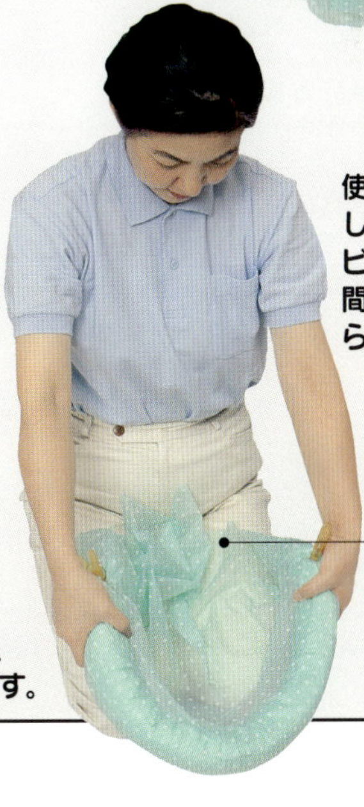

使う時は裏返し。このほうが、ビニールのすき間がなく、なめらかです。

鼻・耳・つめの手入れ

入浴の後など、忘れずにお世話したいもの

排泄や食事のケアに追われ、鼻や耳、つめのお世話は、つい後回しにしがち。入浴の後や洗面の時など、定期的にケアする習慣にします。入浴後はつめも柔らかく、鼻や耳も湯気で湿ってお世話しやすくなっています。

鼻の手入れは、綿棒で

鼻汁は綿棒でとります。鼻が詰まっている時は、綿棒にオリーブオイルをつけて、鼻に入れて静かに回します。熱いお湯で絞ったタオルを鼻の上にのせてから行っても効果的です。

鼻が詰まっている時は、綿棒にオリーブオイルをつけてお世話。

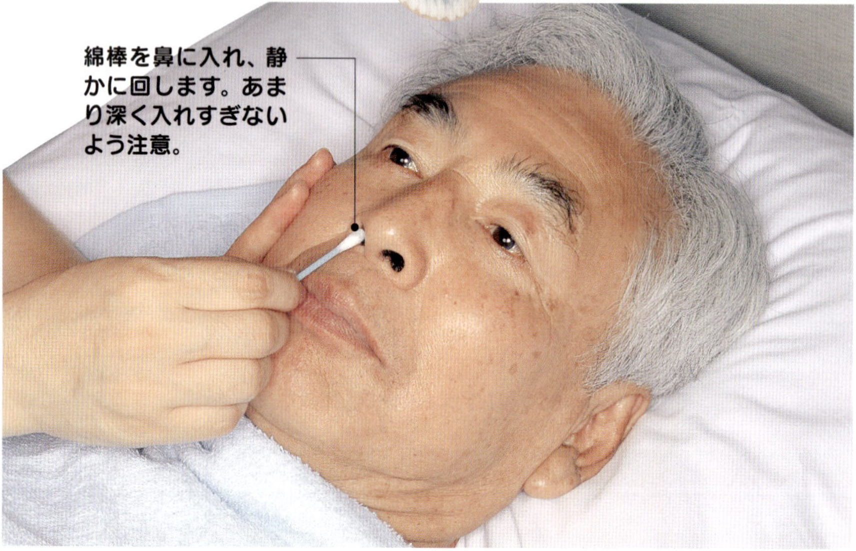
綿棒を鼻に入れ、静かに回します。あまり深く入れすぎないよう注意。

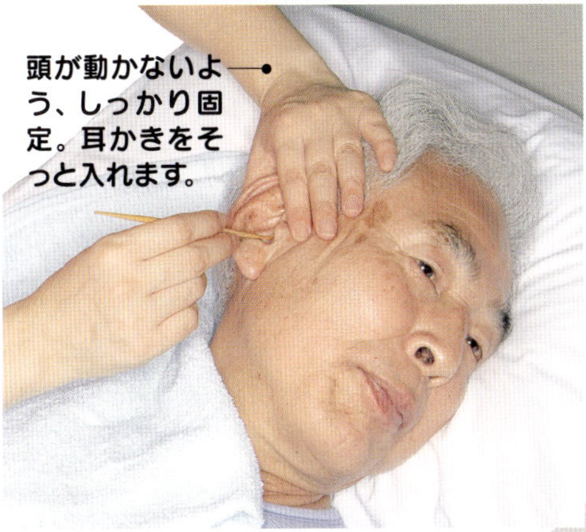
頭が動かないよう、しっかり固定。耳かきをそっと入れます。

耳の手入れは、傷つけないよう慎重に

耳の手入れは、鼓膜や粘膜を傷つけないよう慎重に。
お年寄りが急に頭を動かすと、思わぬ事故につながります。
動かないよう声をかけながら、耳の上あたりをしっかりと押さえます。

綿棒にオリーブオイルをつけて

乾いた耳あかは、耳かきでとります。耳あかが固まってとれにくい時は、綿棒にオリーブオイルをつけて柔らかくします。耳かきや綿棒は、あまり深く入れすぎないよう注意。
耳あかがとれない時は、耳鼻科に相談してください。

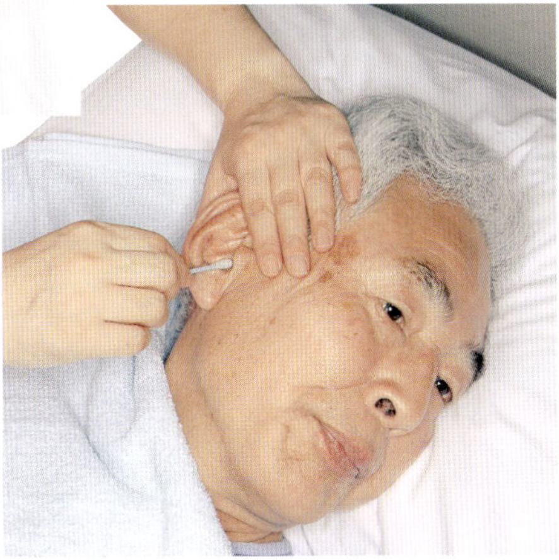

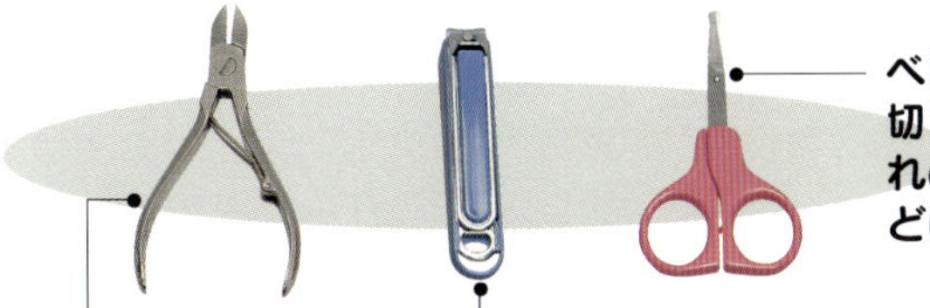
ベビー用つめ切り。ささくれの手入れなどに便利。
刃の部分が長く、お年寄りのつめを切りやすいつめ切り。
一般的なつめ切り。

つめ切りは、指先の皮膚を押しこむようにして

お年寄りはつめが皮膚にくいこんでいることが多いもの。
指先の皮膚を押しこむようにして慎重につめを切り、皮膚を傷つけないよう注意します。

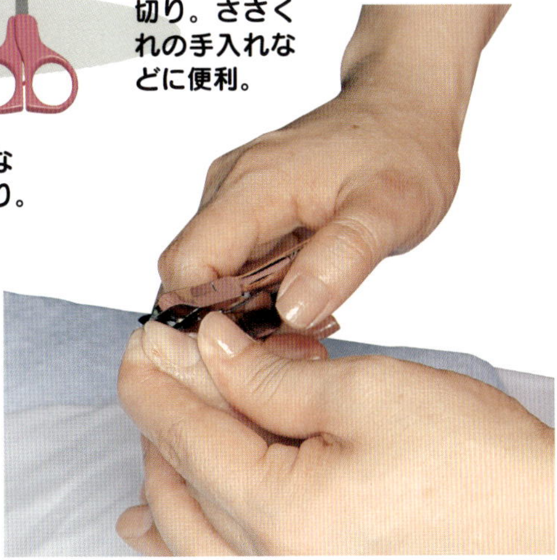

全身清拭で気分爽快！

ベッドの上で、お風呂気分が味わえます

入浴できない場合などに、お湯で体をふくことを「清拭《せいしき》」と言います。寒くないように気をつけ、できるだけ熱いお湯で手際よく体をふくと、お年寄りはお風呂気分。タオルを当てて体を蒸すこともできます。

ハンドタオルは厚手のものを選びます。
バスタオルは2枚以上。
お湯は60度前後。（60度は、ゆっくり手を入れられない熱さです。）
石けん、または清拭剤。
深めの洗面器を２つ用意します。

差し湯を用意すると便利

深めの洗面器、ハンドタオル、バスタオル、石けんや清拭剤を用意します。洗面器のお湯は60度程度に。すぐに冷めるので、熱い差し湯を準備します。体をふくハンドタオルは十分に厚手のものを。

寝巻を脱いで、準備を

ふく部分はタオルで、それ以外はタオルケットなどでおおいます。顔→首→腕→胸→腹→足→陰部→背中→臀部など、お年寄りの状態によって、ふく順序を工夫。できれば陰部は自分でふいていただきます。

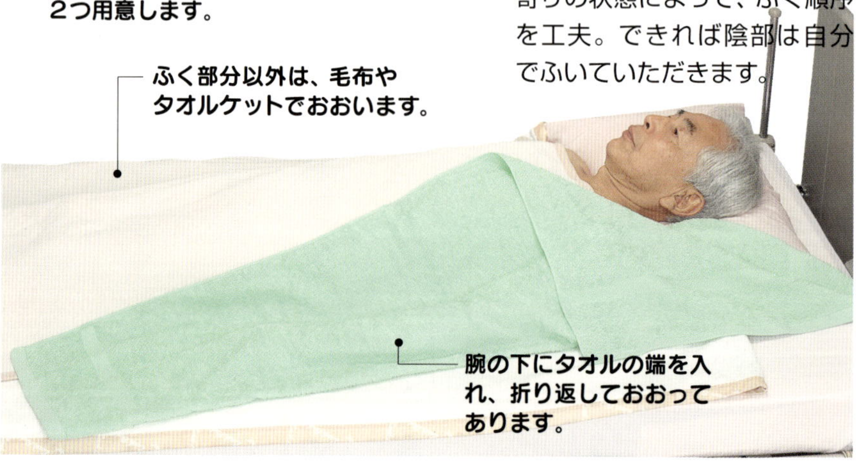
ふく部分以外は、毛布やタオルケットでおおいます。
腕の下にタオルの端を入れ、折り返しておおってあります。

清拭タオルの巻き付け方

体をふくタオルは、下のような方法で手に巻き付けると、冷めた端が肌に当たることもなく、気持ちよく行えます。タオルは厚手を用意。

まず、タオルの1/3を手のひらに巻き付けます。

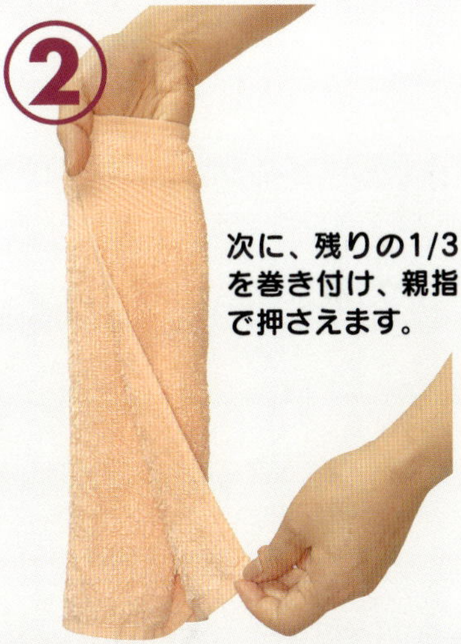

次に、残りの1/3を巻き付け、親指で押さえます。

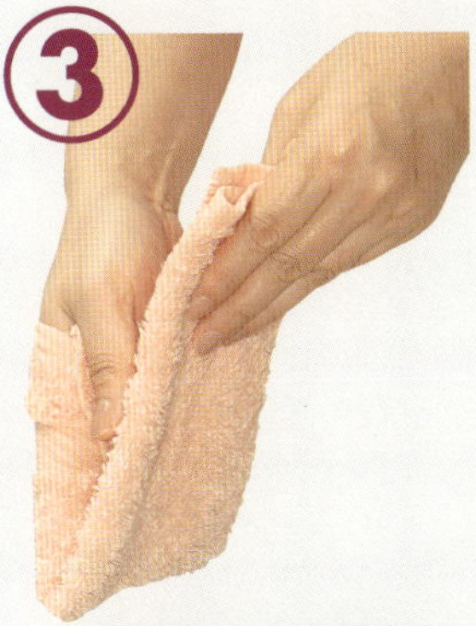

タオルの下の端を折り返して、上のほうに持っていきます。

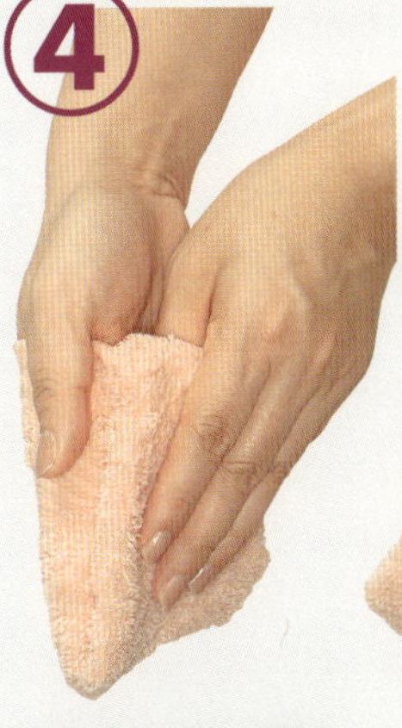

タオルの下の端を、タオルの上の端に折りこみます。

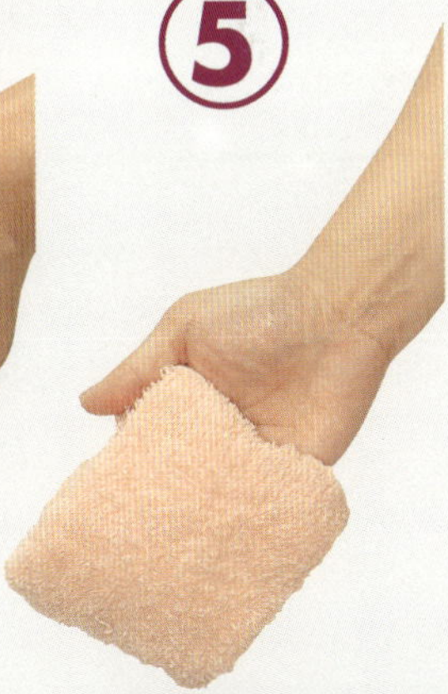

できあがり。肌に当たる面が厚く、タオルの端がきちんと折りこまれています。

腕は、下から上に向けてふきます

かけてあったタオルを開き、まず石けんをつけてふきます。きれいなお湯でタオルを絞り、2回ふいて石けん分をふきとります。腕は末梢から体の中心に向かってふき、血液循環をよくします。

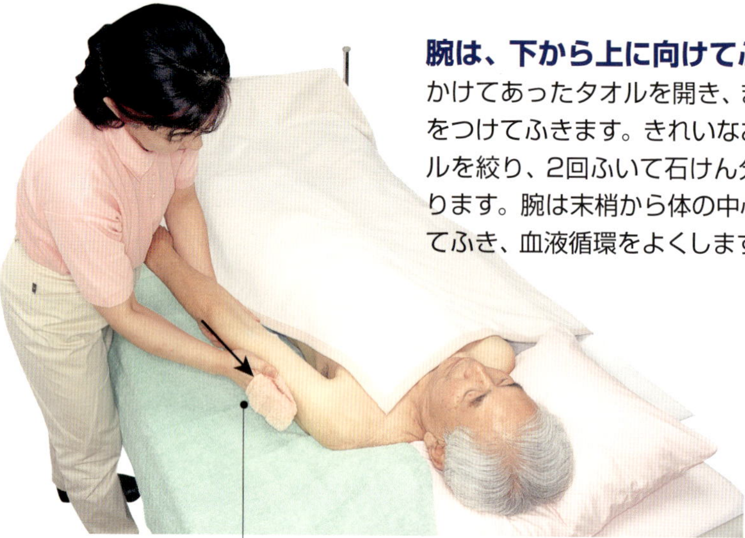

腕は、下から上に向かってふきます。

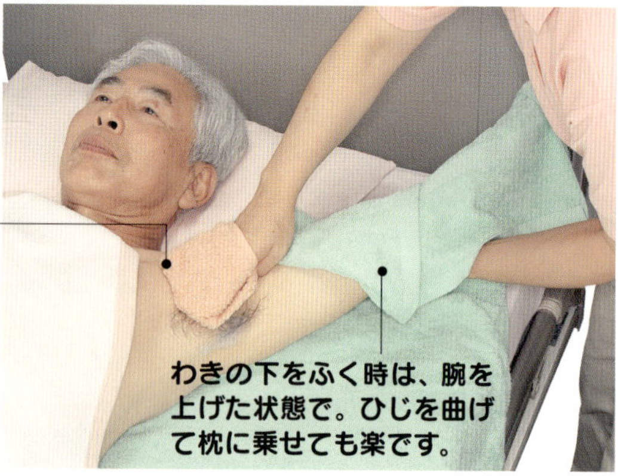

わきの下は汗をかきやすいので、ふき残さないよう注意。

わきの下をふく時は、腕を上げた状態で。ひじを曲げて枕に乗せても楽です。

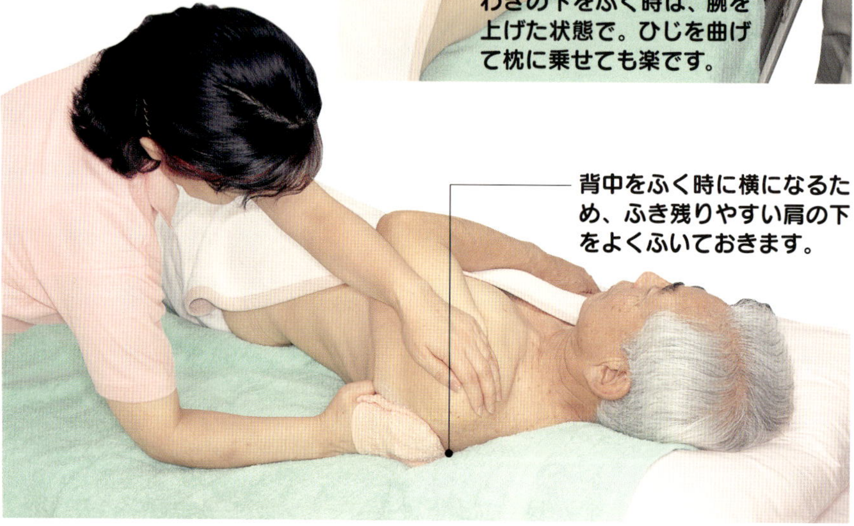

背中をふく時に横になるため、ふき残りやすい肩の下をよくふいておきます。

胸は大きな動作で清拭

大きな動作で、指先ではなく、手のひらを当ててふきます。乳の周りは円を描いて清拭。ふかない時は、十分におおっておきます。

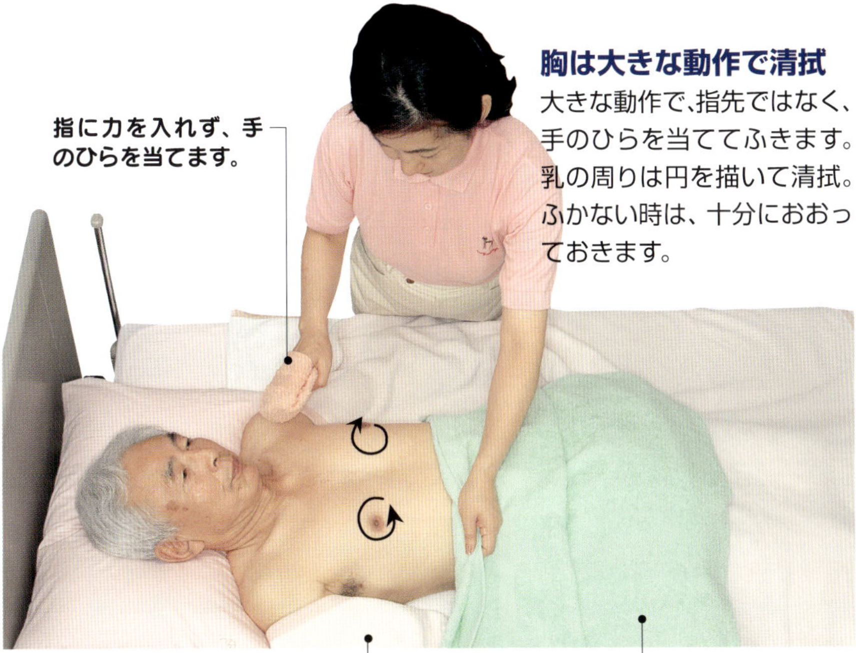
指に力を入れず、手のひらを当てます。
ふかない部分は、バスタオルでおおって。

お腹は「の」の字を描くように

お腹の部分は、おへそを中心に「の」の字を描くようにふきます。

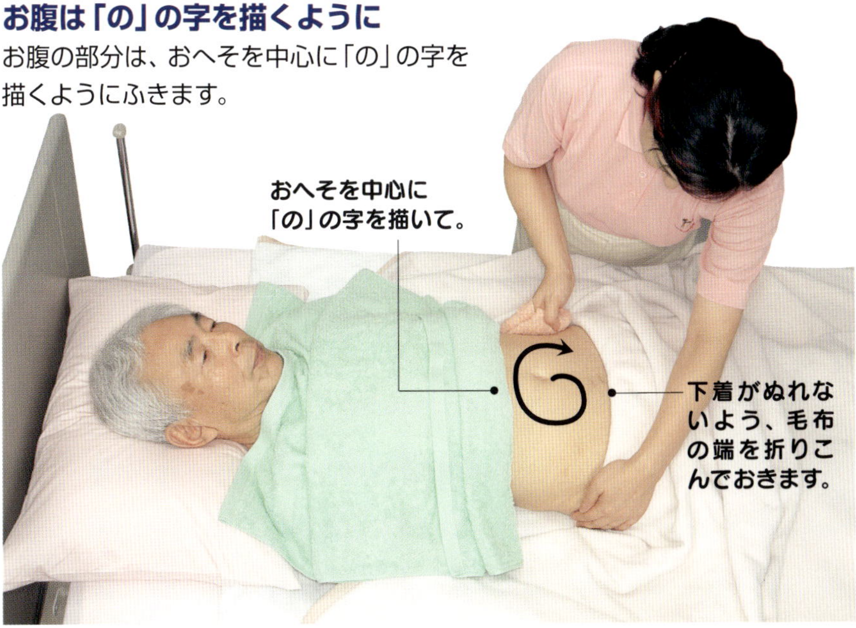
おへそを中心に「の」の字を描いて。
下着がぬれないよう、毛布の端を折りこんでおきます。

足先から体に向かって大きく清拭

足は、足首から上へ向かって大きな動作でふき、血行を促します。かかとやくるぶし、指の間も、ていねいにふき残さないようにします。

1 足はひざを立てて、片方ずつふきます。足の下にバスタオルを敷き、ふかない時は折り返しておおいます。

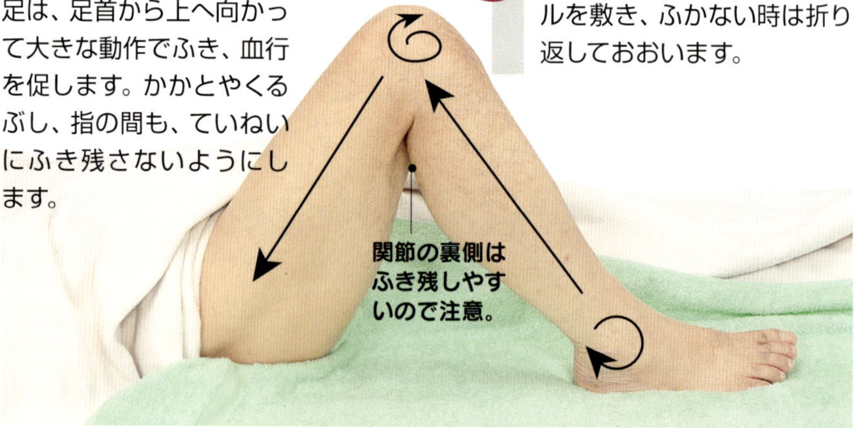
関節の裏側はふき残しやすいので注意。

2 ひざの関節を下から支えて、足を安定させてふきます。足は、少し強めに力を入れて、大きな動作でふいたほうが気持ちがいいものです。

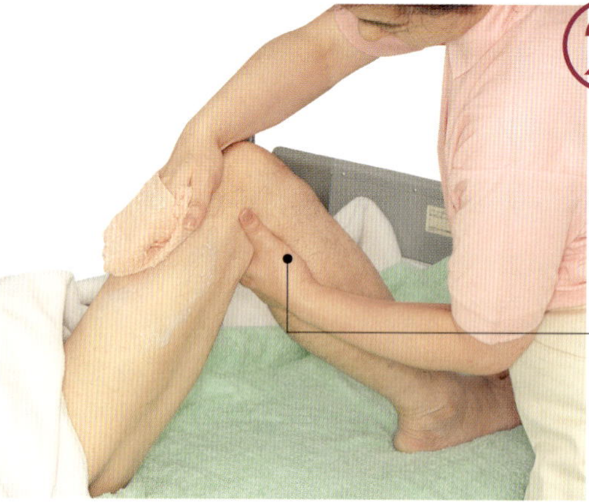
関節の下を支えて、足を安定させます。

3 ふき終わったら、敷いてあったタオルでおおい、押さえるようにして水分をふきとります。ゴシゴシこする必要はありません。

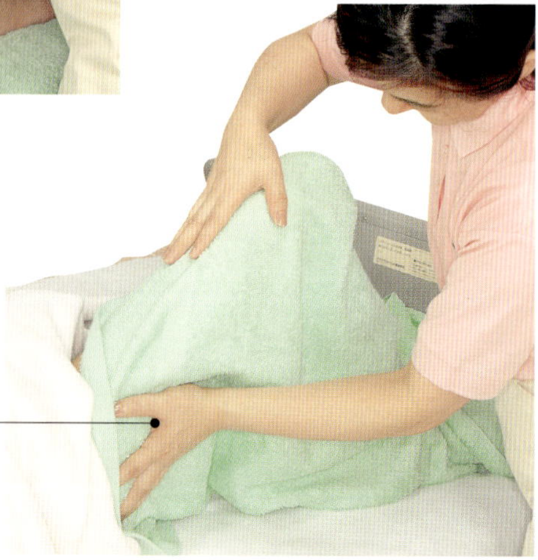
こすらず、押さえぶきをします。

背中は、横向きで

背中は横向きでふきます。この時、マヒがある場合は、マヒ側が上になるよう心がけます。背中は寒気を感じやすいので、熱めのお湯でふくと爽快。清拭後、タオルを広げて背中に当て、温湿布をしても気持ちがいいものです。

背中以外の部分は毛布やタオルケットでおおいます。

背中にはバスタオルをかけておきます。

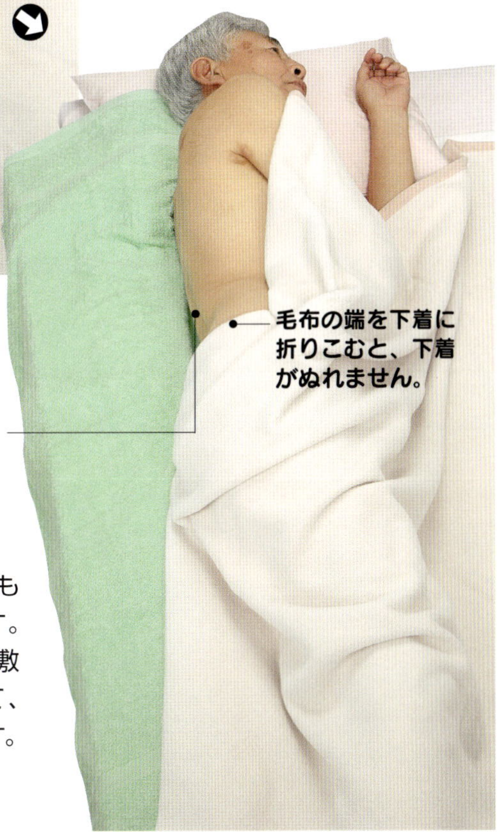

毛布の端を下着に折りこむと、下着がぬれません。

タオルの端は、体の下に敷いてあります。

1 お年寄りに横向きになってもらい、清拭の準備をします。バスタオルの端を体の下に敷き、そのまま背中にかけて、ふく時だけ開くようにします。

2 背中は大きな動作で、手のひらに力を入れてふくと爽快。介護者は指先に力を入れるのではなく、手のひらを当てるようにします。

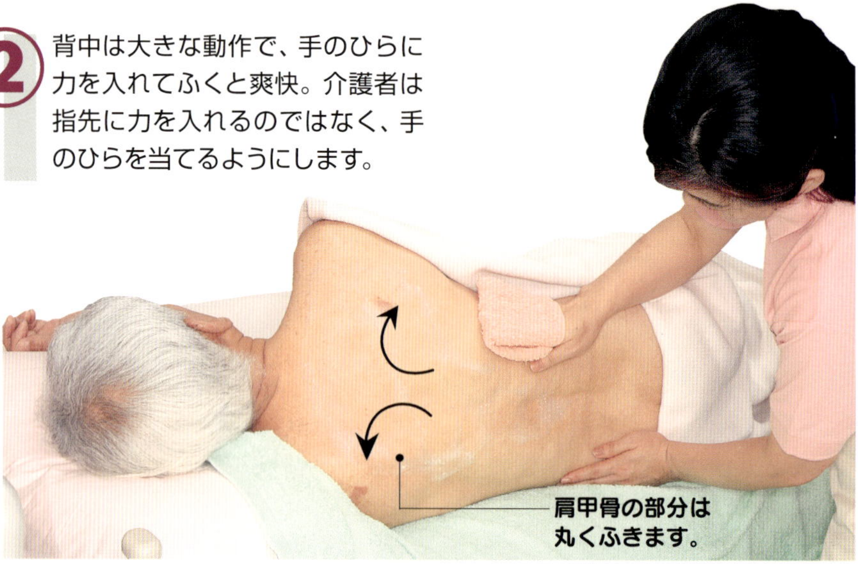
肩甲骨の部分は
丸くふきます。

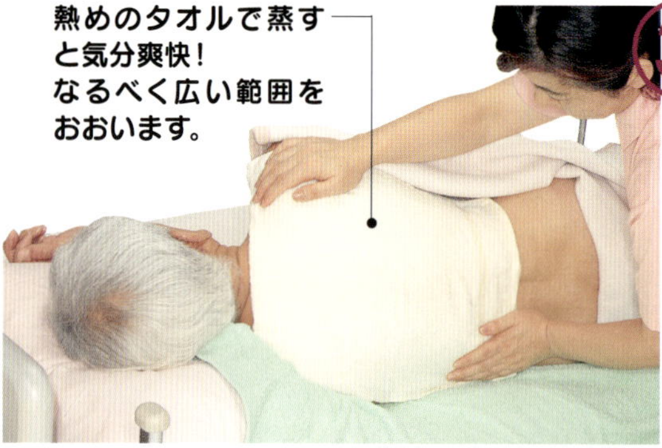
熱めのタオルで蒸すと気分爽快！
なるべく広い範囲をおおいます。

3 石けんでふき、熱いお湯で2度ふいた後、きつく絞った熱めのタオルで蒸すと気持ちがいいもの。背中以外に、胸やお腹でも行うと温まります。

4 下に敷いてあったバスタオルで背中全体をおおい、軽く押さえるようにして十分に水分をふきとります。ゴシゴシこする必要はありません。

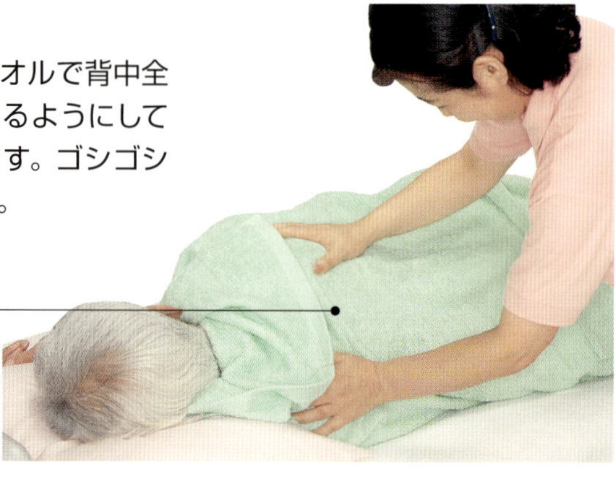
敷いてあったバスタオルで押さえぶきをして水分をとります。

気軽に手浴・足浴を！

ふくよりも、きれいになって血行も促進

お湯に手をつけて洗うことを「手浴《しゅよく》」、足をつけて洗うことを「足浴《そくよく》」と言います。ふくだけでは手足は、なかなかきれいにならないもの。洗面器にお湯をはって洗えば清潔です。

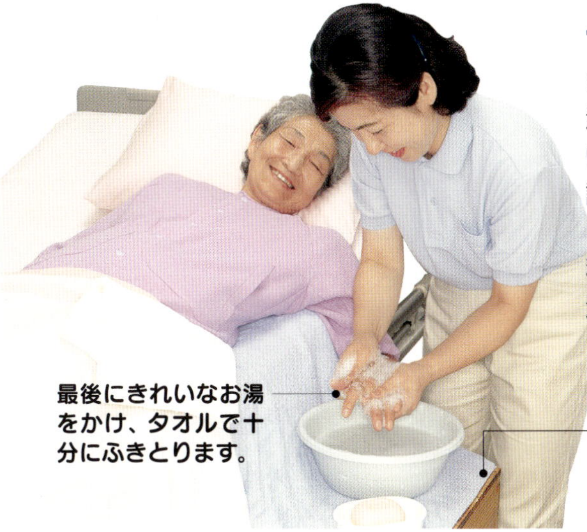
最後にきれいなお湯をかけ、タオルで十分にふきとります。
寝床やかけ物がぬれないよう、防水布の上にタオルを敷きます。

ていねいに、和やかに

まず、手をお湯に浸して温め、石けんをつけて洗います。指は1本ずつ介護者が握り、介護者の手を回転させて洗います。和やかに話しかけながら洗えば、お年寄りの気分まで温まります。

足浴でお風呂気分

足浴は清潔になるだけでなく、手軽にお風呂気分が味わえるケア。

1 足浴の際に周囲がぬれないよう、また、お年寄りの体位が安定するよう準備を行います。

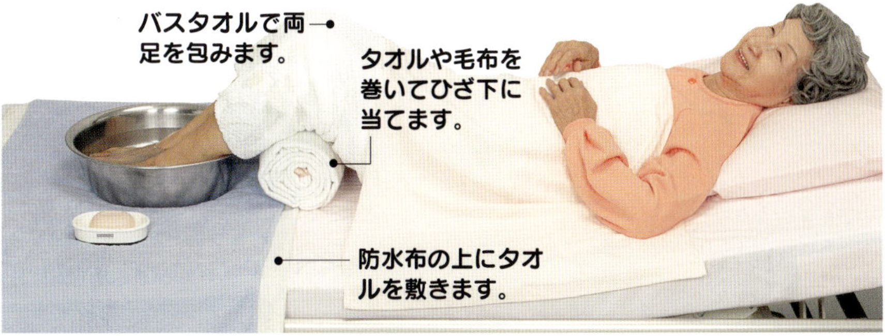
バスタオルで両足を包みます。
タオルや毛布を巻いてひざ下に当てます。
防水布の上にタオルを敷きます。

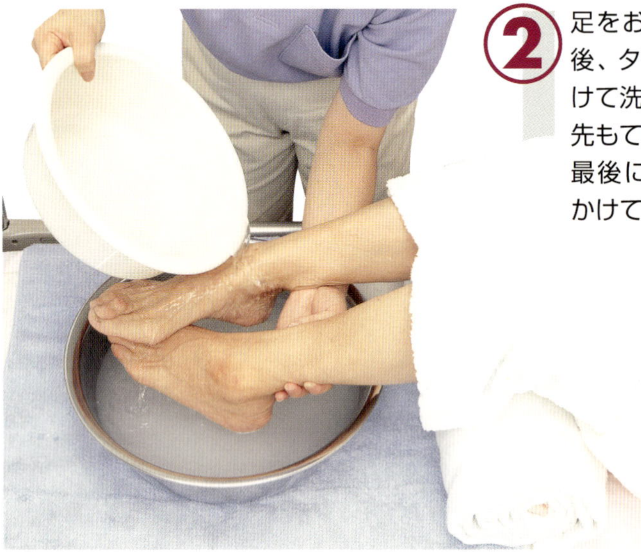

2 足をお湯につけて温めた後、タオルに石けんをつけて洗います。指の間、指先もていねいに。
最後に、きれいなお湯をかけてすすぎます。

指の間に水分が残ると気持ちが悪いもの。ていねいにふきとります。

3 洗面器を片付け、下に敷いてあったバスタオルで足をふきます。足の指の間に介護者の指を入れ、ていねいに水分をふきとります。

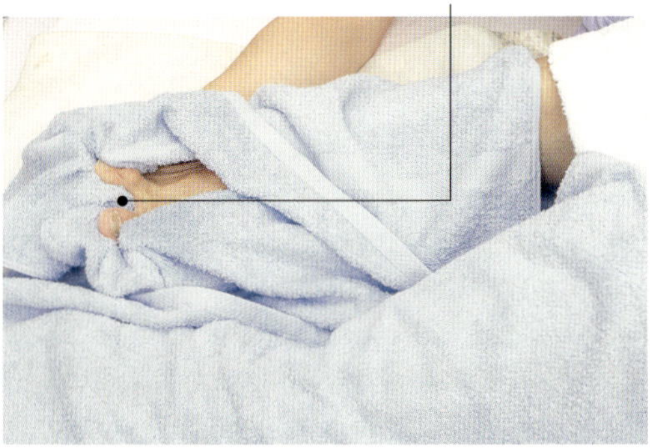

足浴器でマッサージ効果

お湯の底から泡がわき出てくる「足浴器」が、市販されています。足浴器にお湯を入れ、スイッチひとつで振動、気泡、保温などの機能を組み合わせて選べます。
泡と振動が、なかなかの快適さ。介護者が利用してもいいですね。

陰部洗浄は、手際よく

恥ずかしさに配慮して、手際よく行います

入浴などが十分にできない場合、もっとも不潔になりやすいのが陰部。自分でできる方にはお絞りを渡します。できない方には、できるだけ恥ずかしさに配慮して、介護者が行います。

第②章

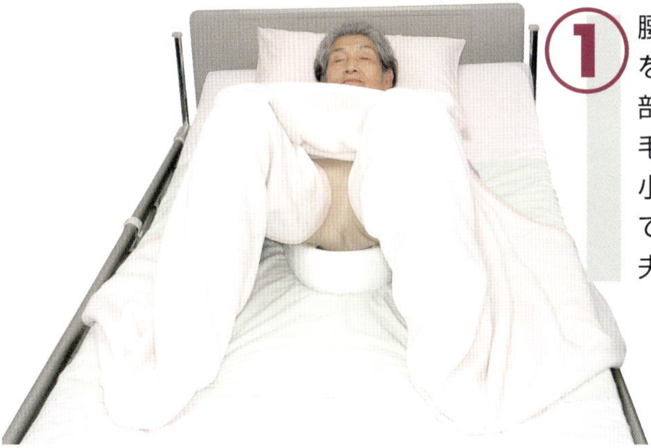

1 腰の下に横シーツ（防水布）を敷き、便器を当てます。陰部以外はタオルケットや綿毛布でおおい、露出部を最小限に。カーテンやついたてなど、人目に触れない工夫も必要です。

2 石けんをつけ陰部を洗浄。女性は必ず、陰部から肛門に向けてふきます。

3 陰唇の間、亀頭や陰嚢の裏など、ていねいに洗い、ぬるま湯で流します。

4 乾いた布を陰部に当て、細部まで十分に水分をふきとります。

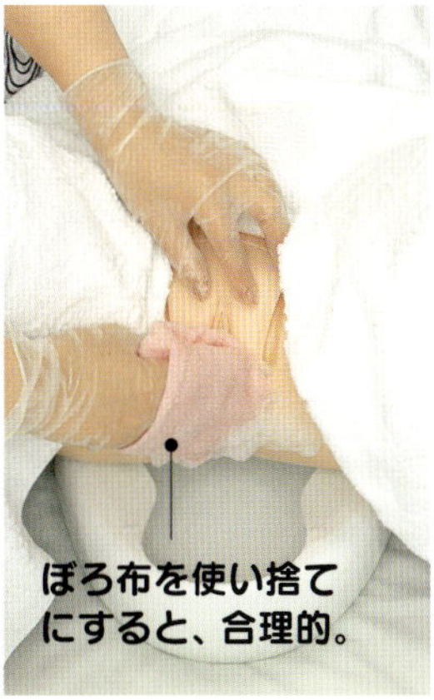

ぼろ布を使い捨てにすると、合理的。

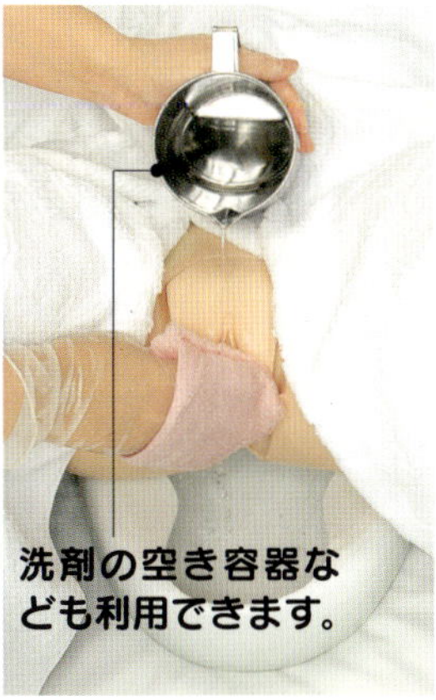

洗剤の空き容器なども利用できます。

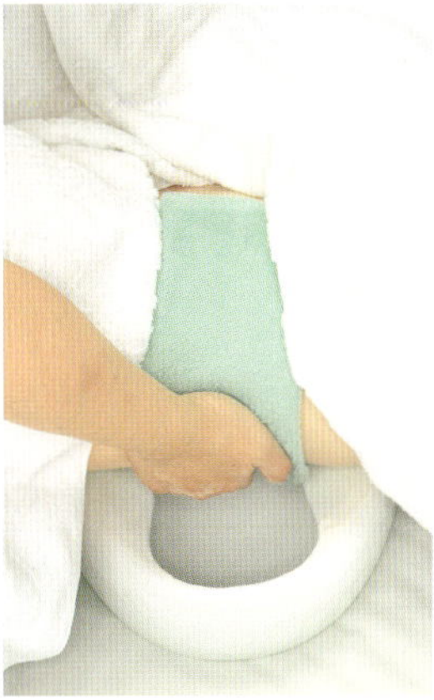

入浴介助のポイント

お年寄りにも介護者にも、安全な方法を工夫

入浴は体が清潔になるだけでなく、血行をよくし、気分を爽快にしてくれます。ただ、浴室はすべりやすく、転倒の起こりやすい場所でもあるため、安全な方法を工夫することが大切です。

浴槽への出入りを安全に

浴槽への出入りは、いすやバスボードを用意し、腰かけた姿勢で出入りする方法が最も安全で、楽に行えます。浴槽の中には、すべり止めマットをしいておきます。

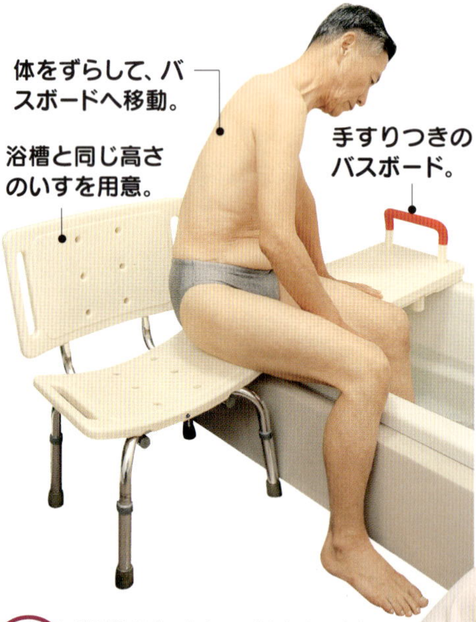
体をずらして、バスボードへ移動。
浴槽と同じ高さのいすを用意。
手すりつきのバスボード。

1 浴槽のわきにつけたいすに座り、体をずらして移動。マヒがある場合は、よいほうの足から入れます。

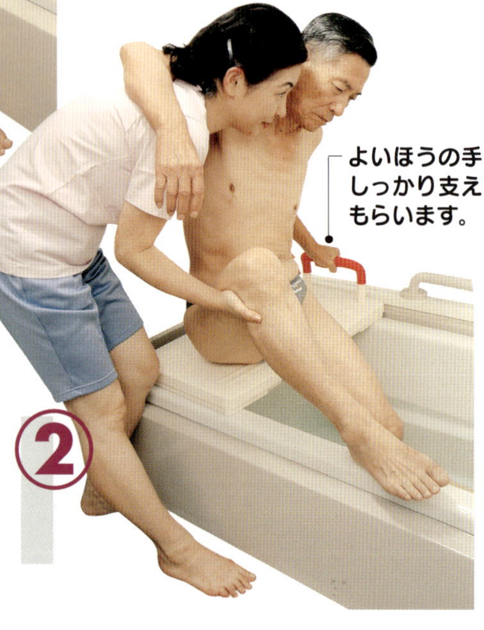
よいほうの手でしっかり支えてもらいます。

2 マヒ側の足は、自分で持って浴槽に入れるか、できない場合は介護者が手助け。関節を支えます。

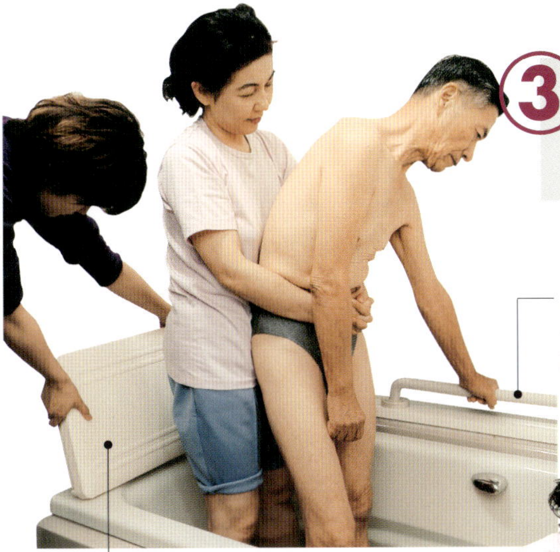

3

浴槽内に入ったら、いったんしっかり立たせます。この間に、もうひとりがバスボードを外します。

よいほうの手で手すりを持ち、自分でも体を支えてもらいます。

浴槽が狭い場合はバスボードを外します。

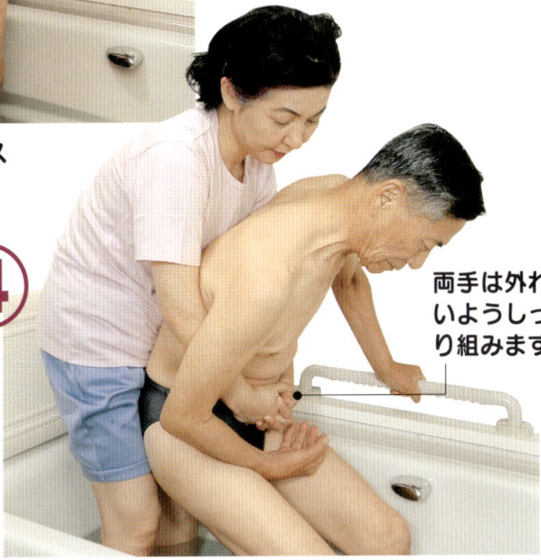

4

介護者は両手をお年寄りの腹部で組み、しっかりと支えながら、静かに浴槽に体を沈めます。

両手は外れないようしっかり組みます。

5

浴槽内で座位の姿勢が不安定な場合は、介護者が支えます。お年寄り自身にも、よいほうの足で浴槽壁にふんばったり、よいほうの手でつかまるなど、協力してもらいます。

浴槽内にはすべり止めマットを。

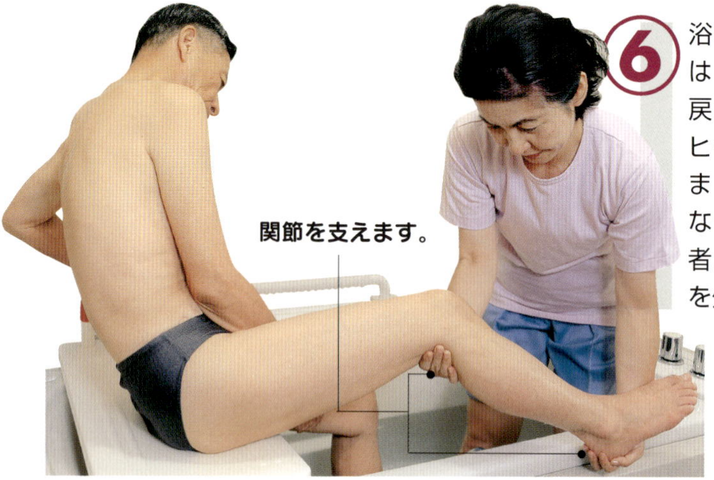
関節を支えます。

⑥ 浴槽から出る時には、バスボードを戻して腰かけ、マヒ側の足から出します。自分でできない場合は、介護者がお年寄りの足を外に出します。

洗髪時は、マヒ側に立ちます

マヒがあるお年寄りの場合は、洗髪時もマヒ側に立ち、体が傾いてくるのを支えます。耳栓をすると安心です。

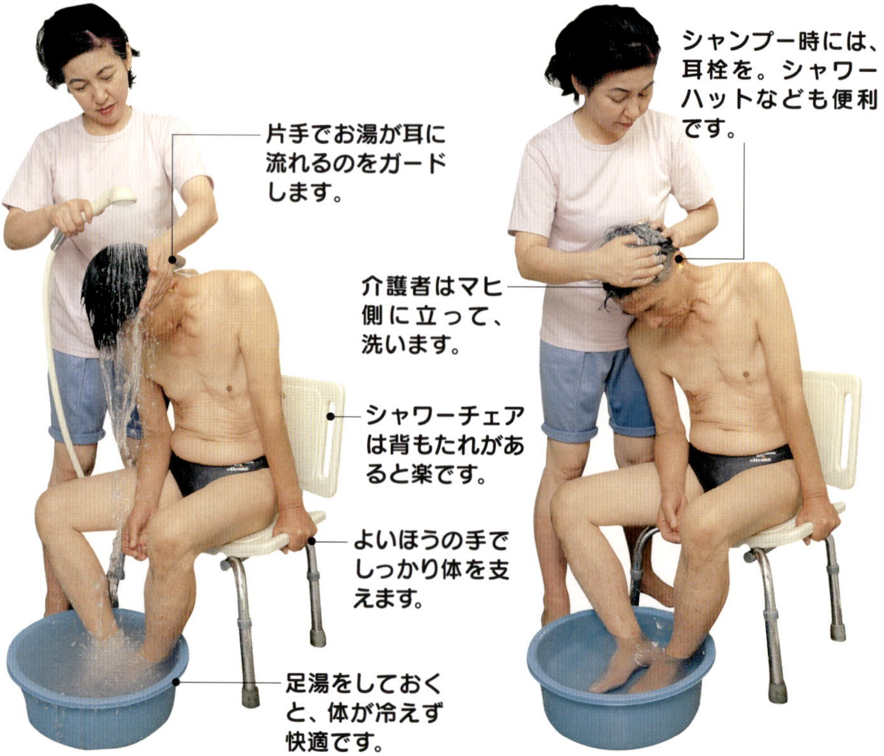
片手でお湯が耳に流れるのをガードします。
シャワーチェアは背もたれがあると楽です。
よいほうの手でしっかり体を支えます。
足湯をしておくと、体が冷えず快適です。
シャンプー時には、耳栓を。シャワーハットなども便利です。
介護者はマヒ側に立って、洗います。

マヒ側から体を支えて、洗います

介護者はお年寄りのマヒ側に立ち、体を支えながら洗います。手足は、心臓に遠いほうから近いほうへと洗います。

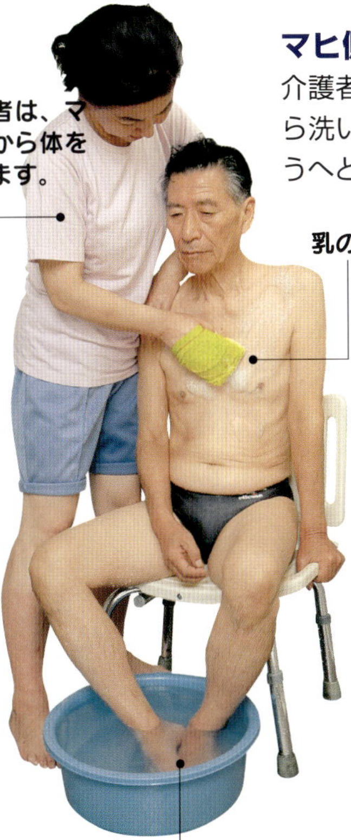

介護者は、マヒ側から体を支えます。

乳の周りは丸く。

足湯をしておくと、体が冷えません。

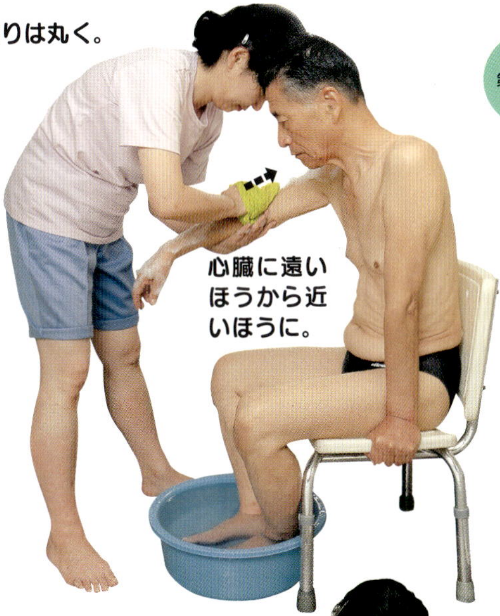

心臓に遠いほうから近いほうに。

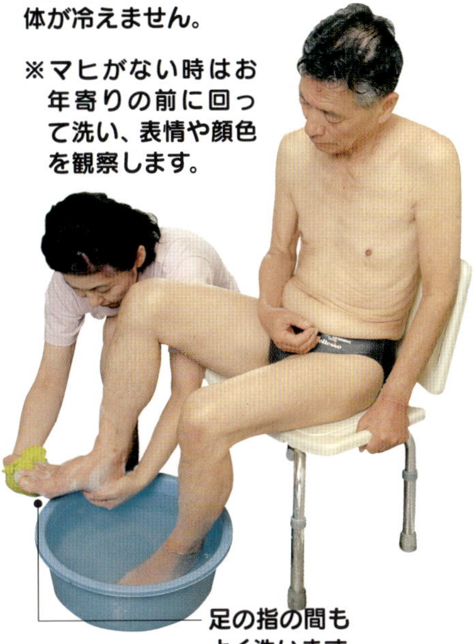

※マヒがない時はお年寄りの前に回って洗い、表情や顔色を観察します。

足の指の間もよく洗います。

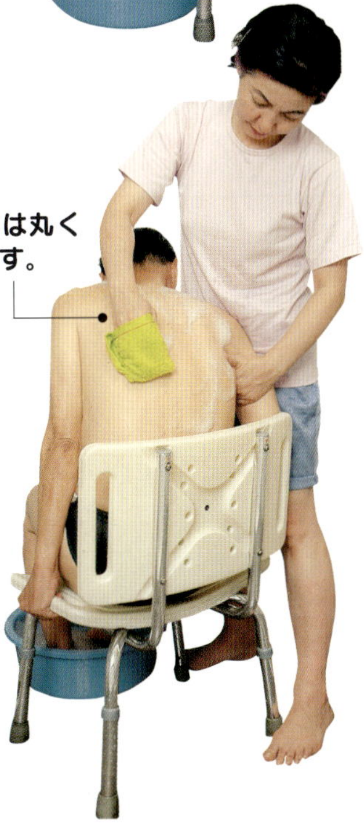

肩甲骨は丸く洗います。

入浴時に注意したいこと

●こんな時は入浴を控えて

入浴は爽快感がある一方、体に負担がかかることも忘れてはなりません。

お年寄りの体調に注意して、気分の悪い時、風邪をひいている時、熱のある時など、異常があれば入浴を控えます。

●室温・湯温に気配り

脱衣室・浴室の室温も大切なチェックポイント。浴室を十分に暖め、脱衣室には暖房を入れます。

湯の温度は、40～41度が目安。夏場や血圧の高い人は、ぬるめにします。

●時間は15分程度に

入浴時間は、15分程度が適当。長風呂は体力を消耗し、のぼせることもあります。

浴槽に入る時は、いきなり入らず、手足などを洗ってからにします。

●入浴後の準備も

着替えやローションなど、入浴後の準備もしっかり整え、手早くお世話をします。入浴後は、水分補給を忘れずに。

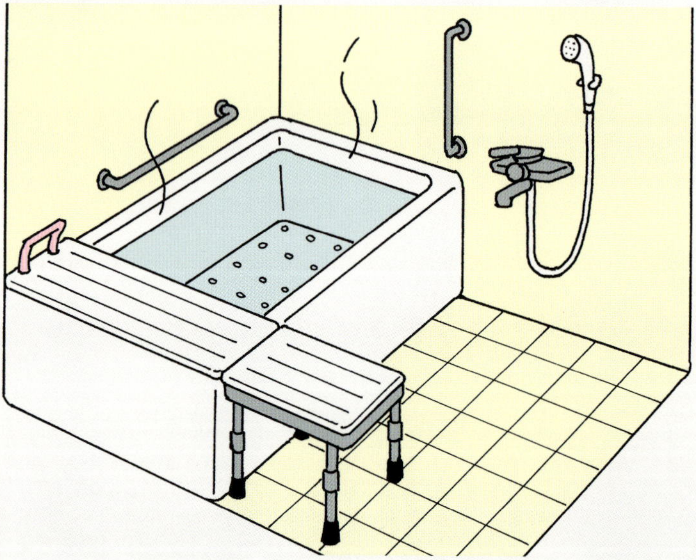

第3章

着替えのお世話

●ベッド上での浴衣の着替え
●パジャマの着替え

保健婦
紅林みつ子
東京慈恵会医科大学医学部
看護学科講師
櫻井尚子
（文責：編集部）

ベッド上での浴衣の着替え

「脱健着患《だっけんちゃくかん》」が着替えの原則です

マヒのある人の着替えのお世話をする時は、よいほうから脱がせ、マヒ側から着せるのが原則。「脱健着患」と覚えます。

1 マヒがある場合は、まずよいほう（健側）の腕から脱がせます。
ひじを支えながら、浴衣のそでを外します。

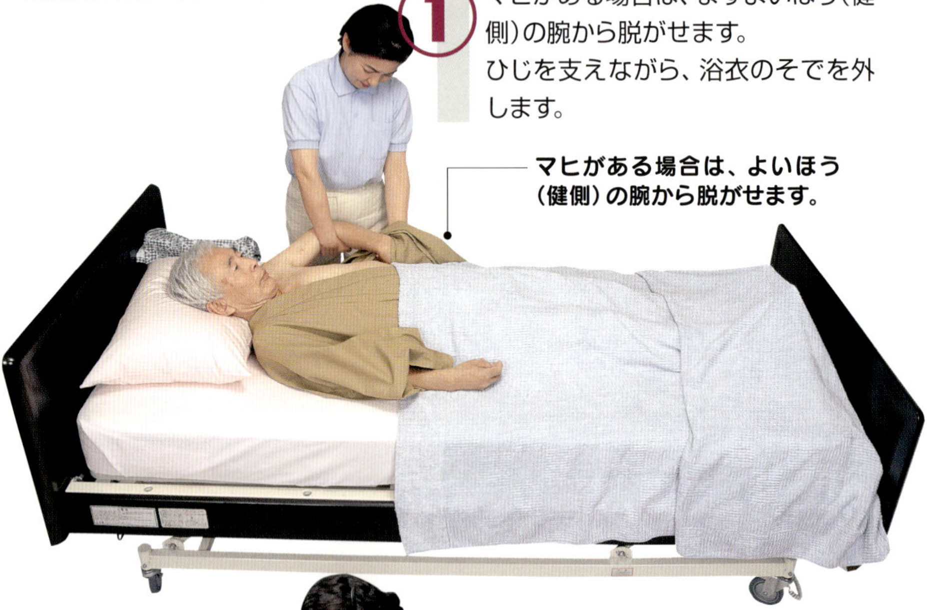

マヒがある場合は、よいほう（健側）の腕から脱がせます。

2 横向きになってもらい、今まで着ていた浴衣を背中の下に巻きこむように押しこみます。
マヒ側が下になっている場合は手早く。

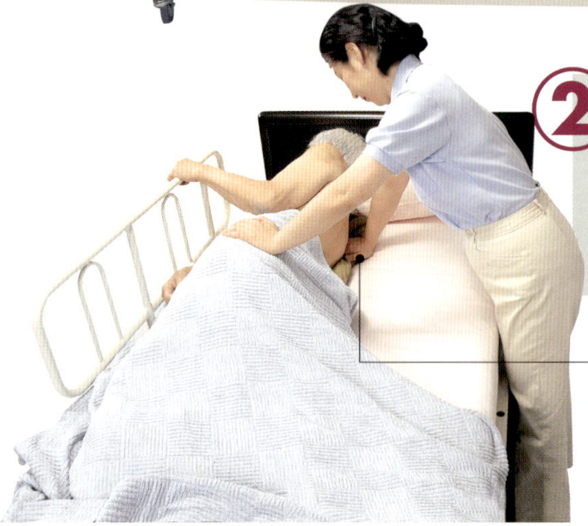

浴衣を巻きこんで、背中の下に押しこみます。

3 またあお向けに戻ってもらい、② で押しこんだ浴衣の半身を引き出します。マヒ側の腕の位置に注意しながら行います。

押しこんであった浴衣の
半身を引き出します。

4 マヒ側の腕のそでを脱がせます。ひじの関節を支え、介護者の腕全体で支えるようにすると安定します。

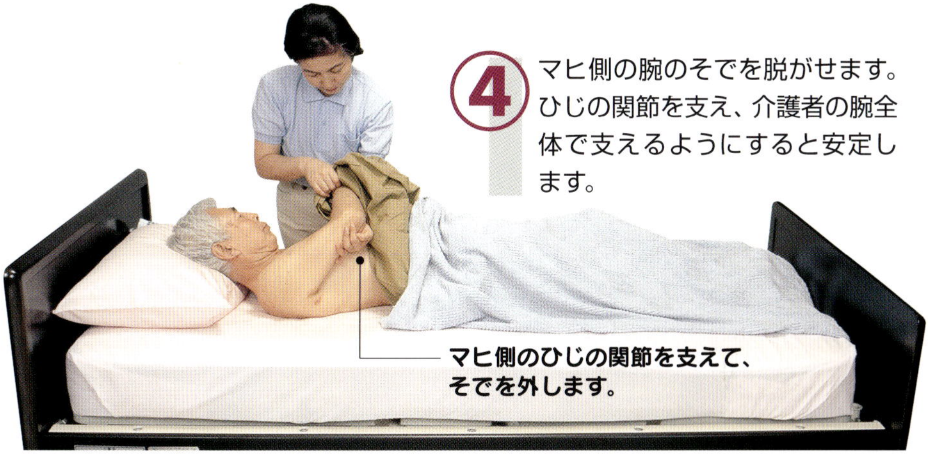
マヒ側のひじの関節を支えて、
そでを外します。

5 新しい浴衣は、マヒ側の腕からそでを通します。マヒ側の手を、介護者の腕全体で支えるようにします。

マヒ側の腕は、指が引っかからないよう介護者が導き手をします。

6 そでを通したら、そで先と肩山が一直線になるよう整えます。その際も、マヒ側の腕をしっかり支えます。

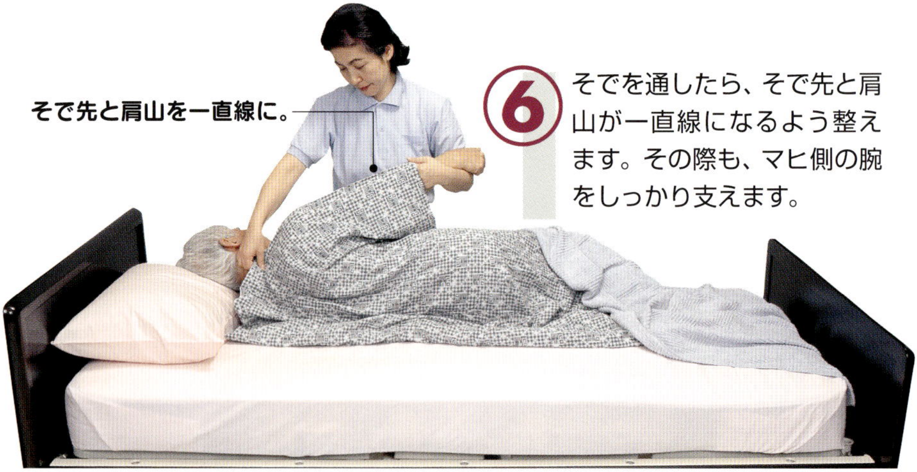
そで先と肩山を一直線に。

7 背中の中央と、浴衣の背縫いがきちんと合うように整えます。ここがずれると、浴衣全体がずれてしまいます。

背縫いを背中の中央に。

8 浴衣の端を背中の下に押しこみます。この時、背縫いの位置がずれないよう注意します。

浴衣がずれないように押しこみます。

9 背縫いの位置がずれないよう気をつけ、あお向けに戻します。浴衣の右半身をきちんと整えます。裸の左半身は、露出しないよう、かけ物でおおいます。

かけ物でおおって、なるべく露出しないように気をつけながら着せていきます。

10 横向きになってもらい、よいほうの腕にそでを通します。
そではまとめて持ち、迎え手をします。

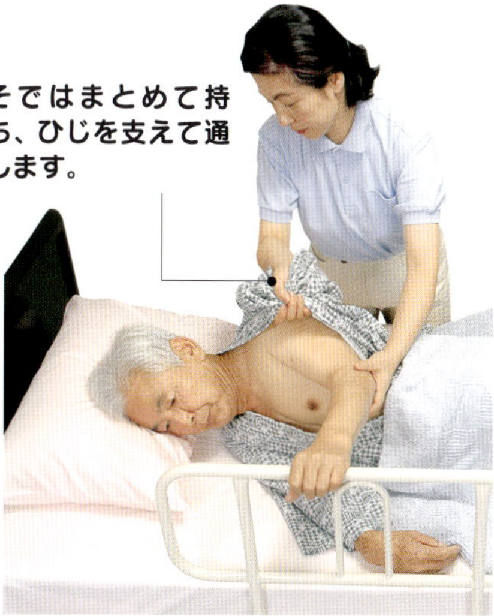
そではまとめて持ち、ひじを支えて通します。

11 お年寄りの腕を支えて、そでを整えます。よいほうの腕であっても、必ず、介護者が支えてお世話をします。

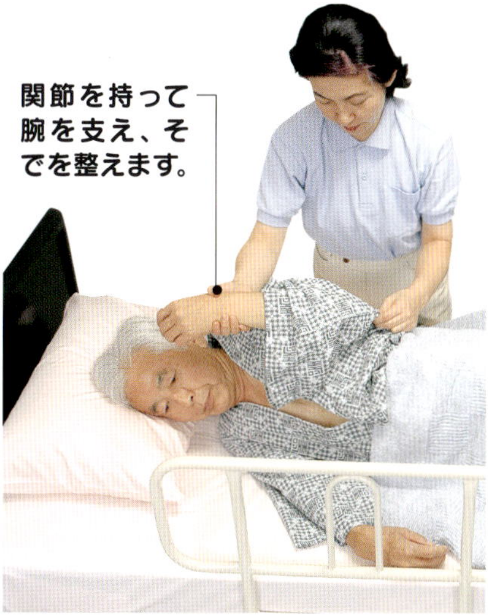
関節を持って腕を支え、そでを整えます。

⑫ 浴衣のすそを引いて、襟元も整えます。この際も、介護者はお年寄りのひざの関節を支えるようにします。

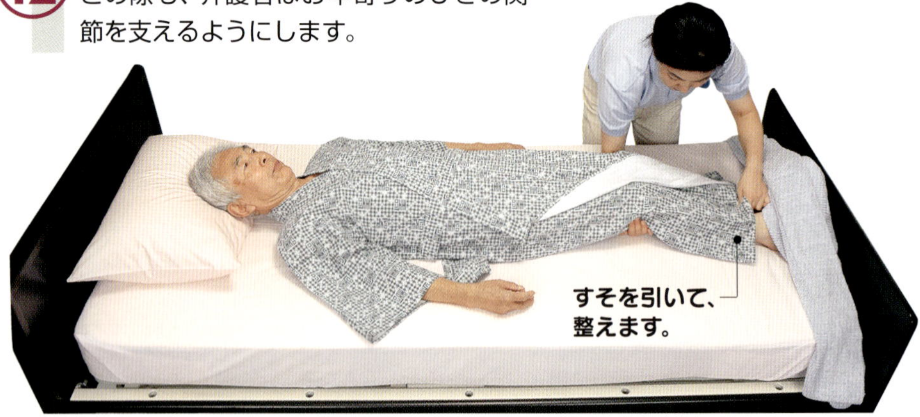

⑬ 最後に、ひもを結んでできあがり。体の位置が中央になるよう整え、枕の位置も整えます。

昼着と夜着の区別をつけて

たとえベッドにいる時間が長い人でも、発熱や下痢などの急性症状がなければ、日中は好みの普段着に着替えて過ごしたいもの。生活にリズムとはりが生まれます。

パジャマの着替え

着脱のポイントは、腕の支え方。特にマヒ側に注意

パジャマの着替えもマヒがある時は、よいほうから脱がせ、マヒ側から着せる「脱健着患」が原則。そでを着脱する際の、腕の支え方がポイントになります。特に、マヒ側の腕は注意して支えることが必要です。

1 まず、よいほうの腕を脱がせます。そでを抜く時はひじの関節を支えると、安全に行えます。マヒ側の腕は特に注意して、介護者の腕にのせて支えるようにします。

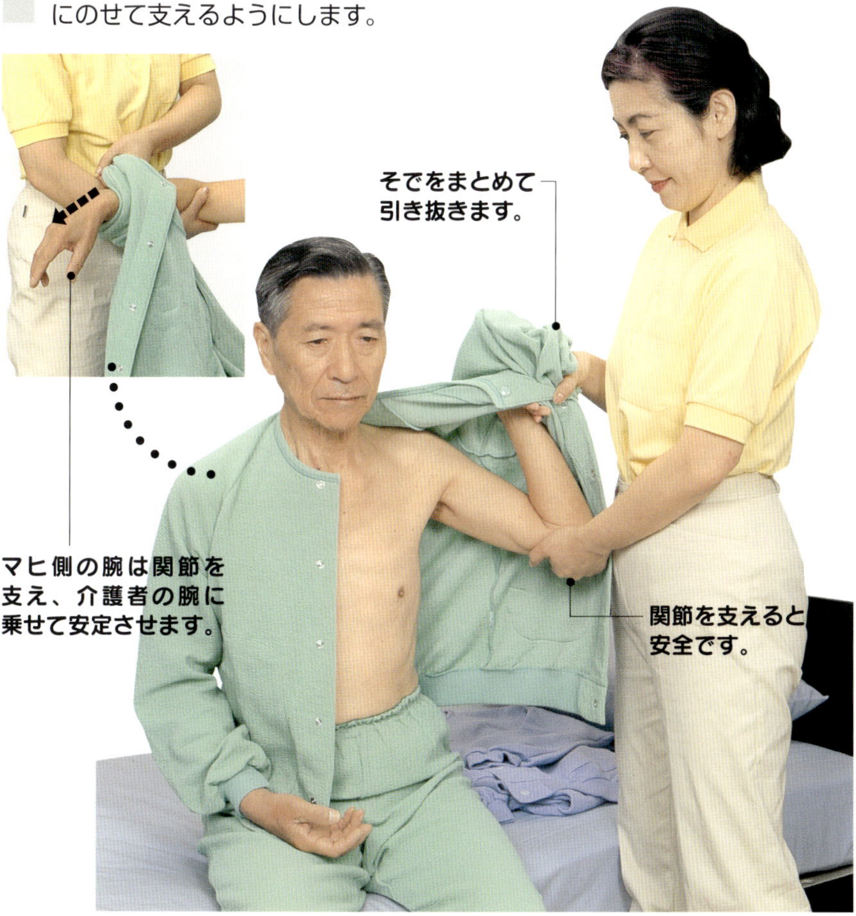
そでをまとめて引き抜きます。
マヒ側の腕は関節を支え、介護者の腕に乗せて安定させます。
関節を支えると安全です。

2 着せる時は、マヒ側の腕からそでを通します。そではひとまとめに持ち、まず介護者の腕に通します。その手でお年寄りの腕を支え、もう片方の手でそでを移動させます。

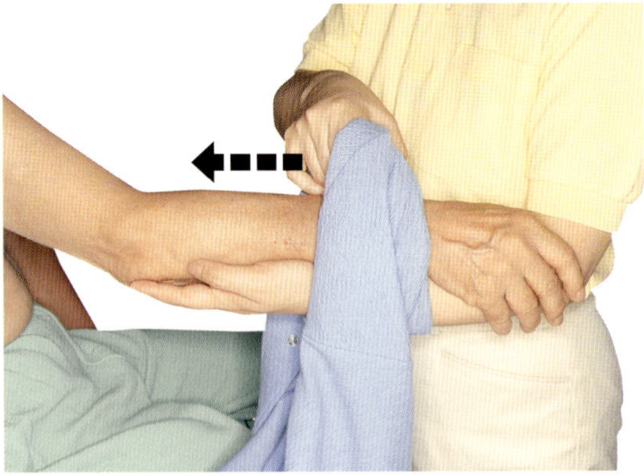

3 もう一方の腕も同じように通したら、肩線やわき線を合わせて整えます。ボタンをかけてできあがり。お年寄りができない部分だけを介護者がお手伝いします。

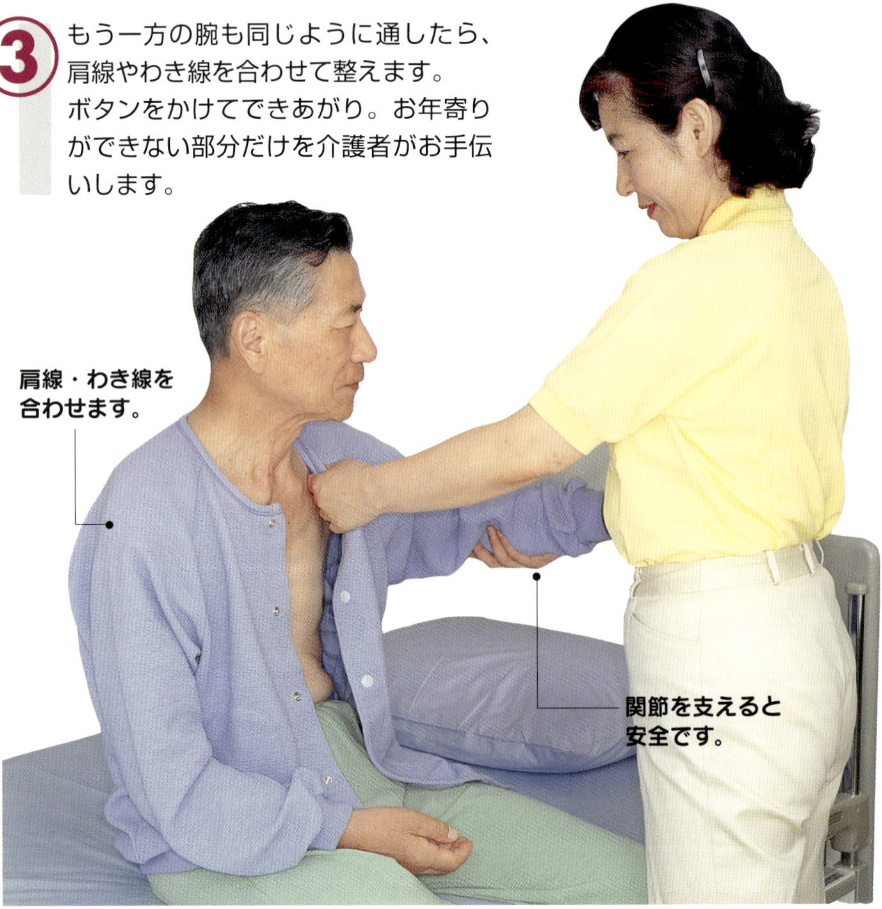

肩線・わき線を合わせます。
関節を支えると安全です。

4

ズボンはベッドに寝た姿勢で下ろすと安全で、お年寄りも楽です。この時、タオルをかけるなどして、露出部をできるだけ少なくします。

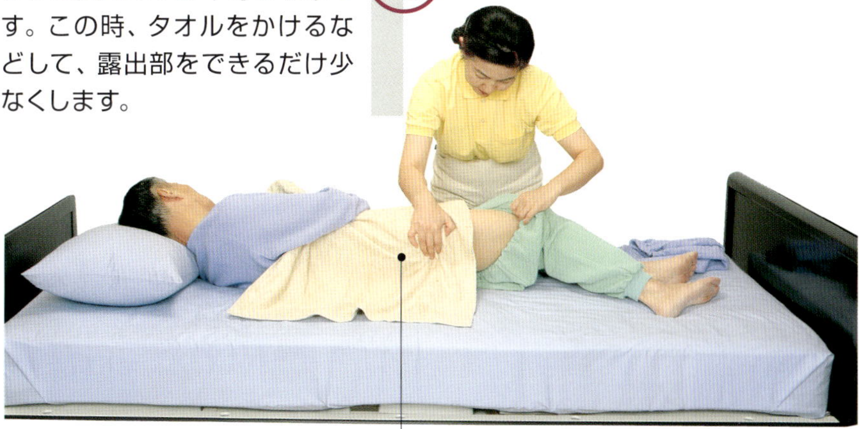

かけ物を利用して、露出部を少なく。

5

ズボンを足から引き抜く時は、かかとを支えるとスムースです。ズボンはひとまとめに持って、外します。

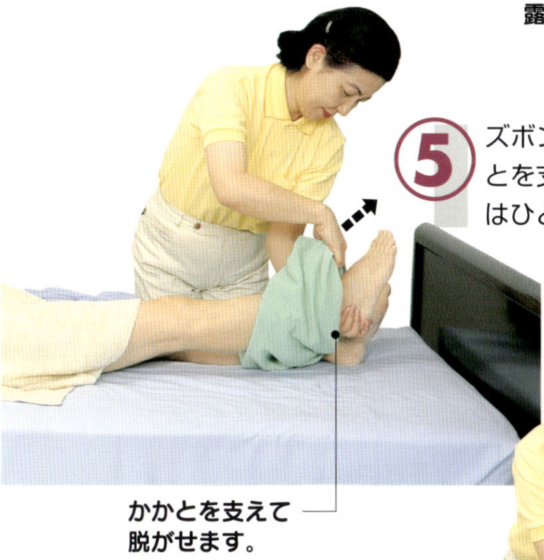

かかとを支えて脱がせます。

6

介護者は、はかせるズボンに下から腕を通し、その手でお年寄りのかかとを支えます。もう片方の手でズボンを足首まで通します。

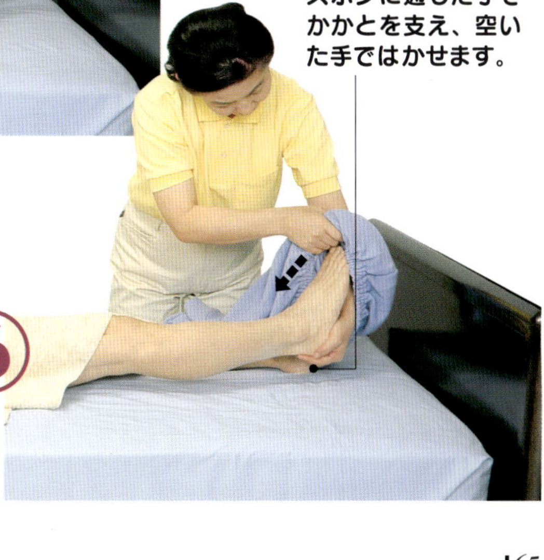

ズボンに通した手でかかとを支え、空いた手ではかせます。

7

両足を同じように通し、いったんすねのあたりまでズボンを引き上げておきます。こうすると、腰までズボンを引き上げる動作がスムースになります。

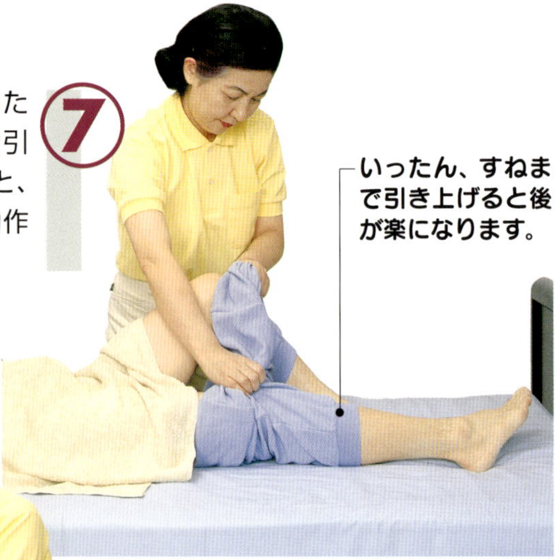
いったん、すねまで引き上げると後が楽になります。

8

お年寄りに横向きになってもらい、ズボンを腰まで引き上げます。ズボンの中央をおしりの中央に合わせ、わき線をまっすぐにします。

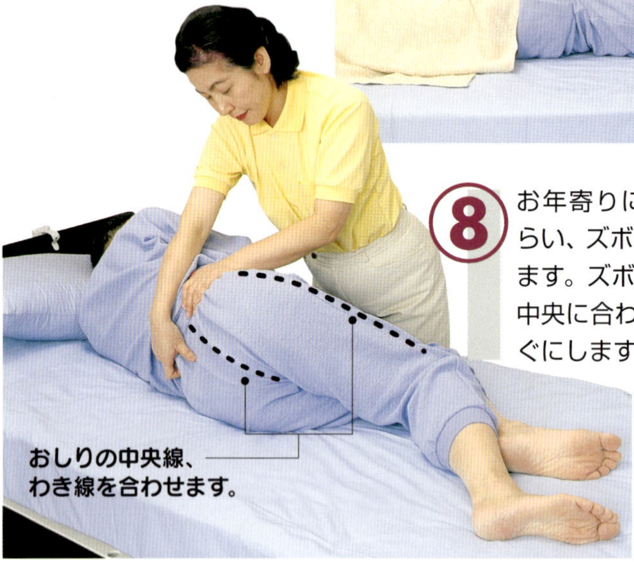
おしりの中央線、わき線を合わせます。

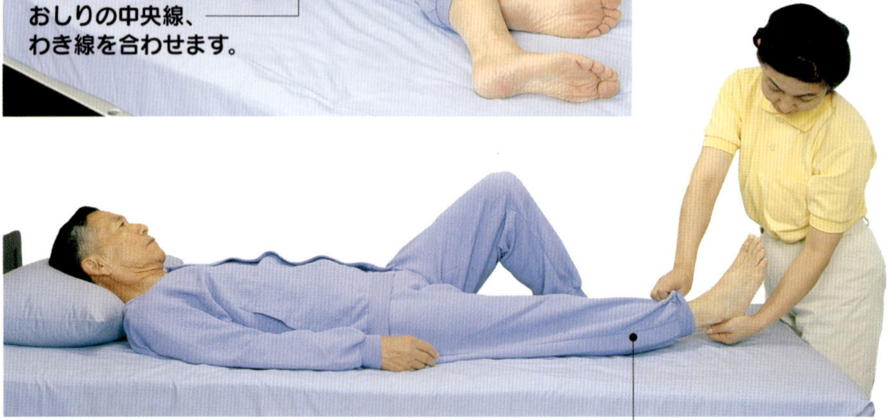
まっすぐに足首まですそを引きます。

9

最後に、足首までズボンを引いてできあがり。しわや折り返しがないか、よく確かめます。

第4章

排泄のお世話

保健婦
紅林みつ子
東京慈恵会医科大学医学部
看護学科講師
櫻井尚子
（文責：編集部）

●トイレでの介助
●ポータブルトイレの使い方
●尿器の使い方
●便器の使い方
●おむつの交換
●便秘で不快な時には

トイレでの介助

トイレに行く習慣は、なくしたくありません

排泄の自立は、心の自立につながると言われるほど、大切な事柄。トイレに行く習慣は、できるだけくずしたくありません。歩いて移動できない場合は、車いすを利用するなど、介護者の援助が必要です。

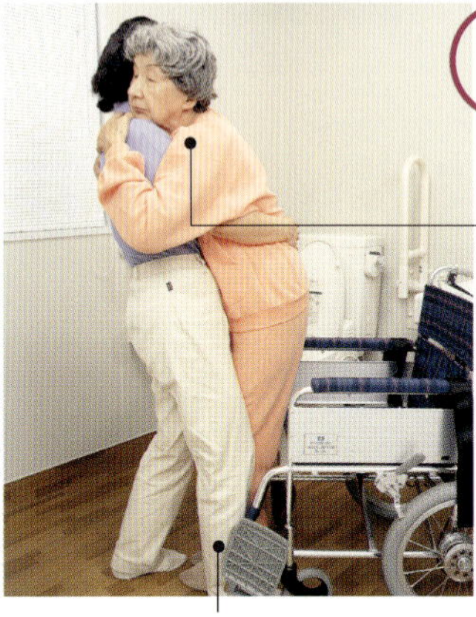

1 介護者は、お年寄りの腰に両手を回し、マヒ側の足を介護者の足で支えて、抱きかかえるようにして立ち上がらせます。

お年寄りは、介護者にしっかりとつかまります。

マヒ側の足を介護者の足で支えます。

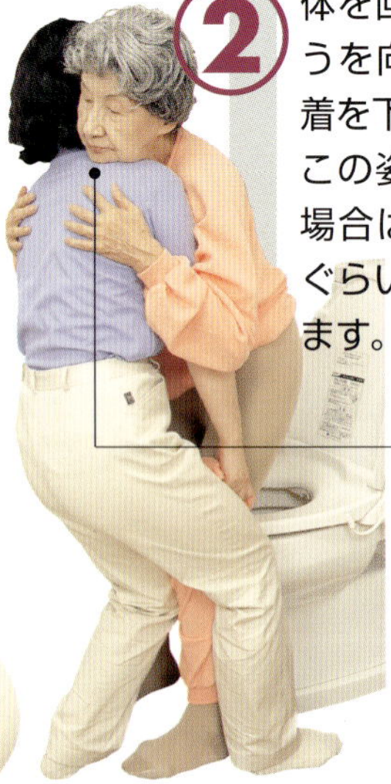

2 体を回転させて便座のほうを向き、お年寄りの下着を下ろします。
この姿勢が長く保てない場合は、少なくとも半分ぐらいまで下着を下ろします。

お年寄りは介護者の肩にあごをのせるようにし、しっかりとつかまります。

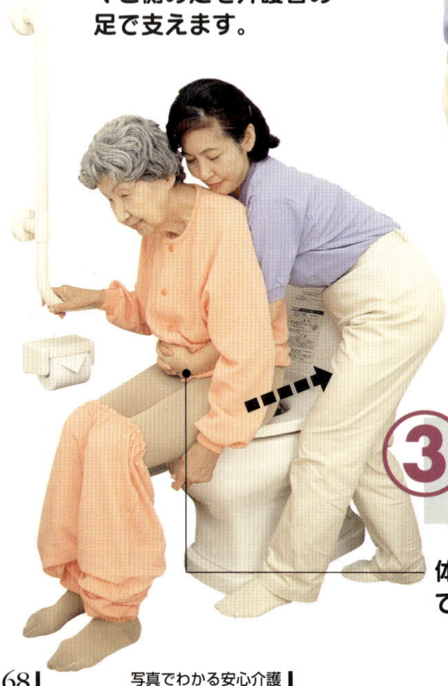

3 便座に深く座れない時は、後ろからお年寄りの体に手を回し、体を引き寄せます。ちょうどよい位置になるよう調整します。

体を引く時は、両手を前で組むと安全です。

ポータブルトイレの使い方

トイレに移動できない時は、ポータブルトイレが便利

トイレに移動できない場合は、ポータブルトイレをベッドサイドに設置します。自分で移乗できるのか、お世話が必要なのかによって、設置のしかたを工夫してください。消臭剤やついたてなどにも気配りが必要です。

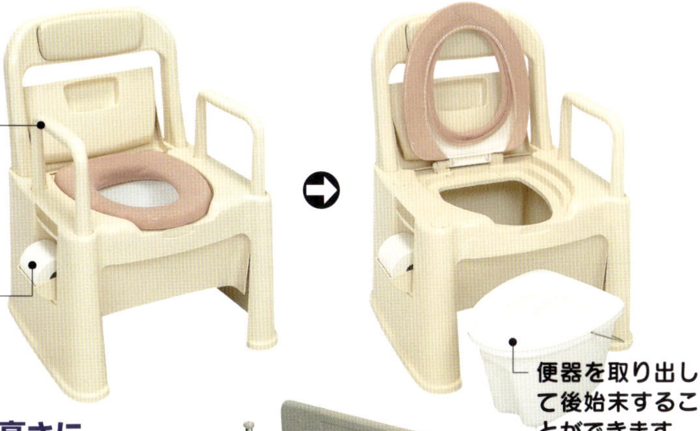
手すりは外せるタイプもあります。
トイレットペーパーのホルダーがあると便利。
便器を取り出して後始末することができます。

ベッドと同じ高さに

ポータブルトイレはベッドと同じ高さに。マヒがある場合は、よいほう（健側）に置きます。

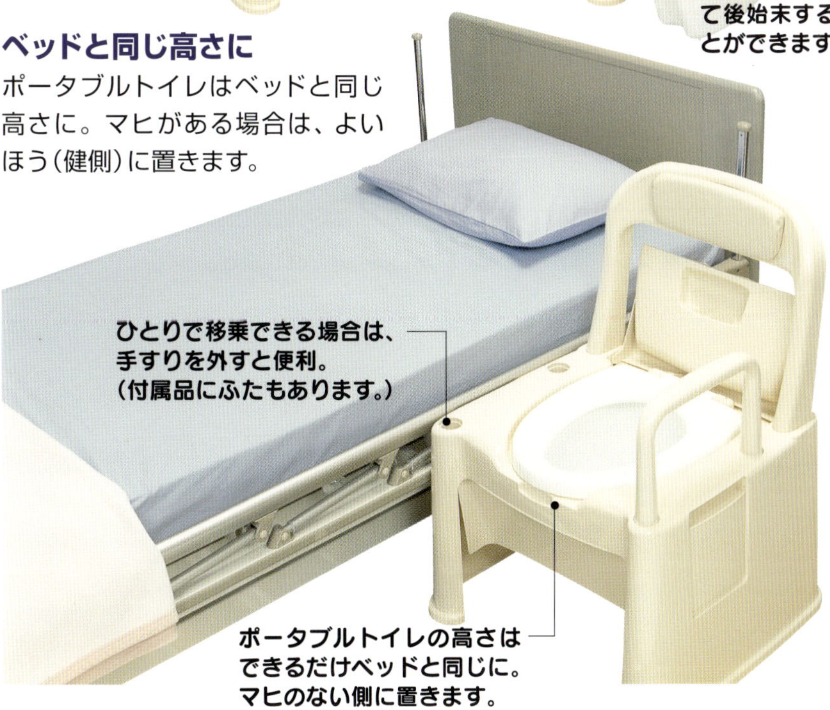
ひとりで移乗できる場合は、手すりを外すと便利。
（付属品にふたもあります。）
ポータブルトイレの高さはできるだけベッドと同じに。マヒのない側に置きます。

1 ベッドから足を下ろし、体をずらしてポータブルトイレに移乗します。この際、足が床につかないと危険です。ベッドとポータブルトイレの高さを合わせます。

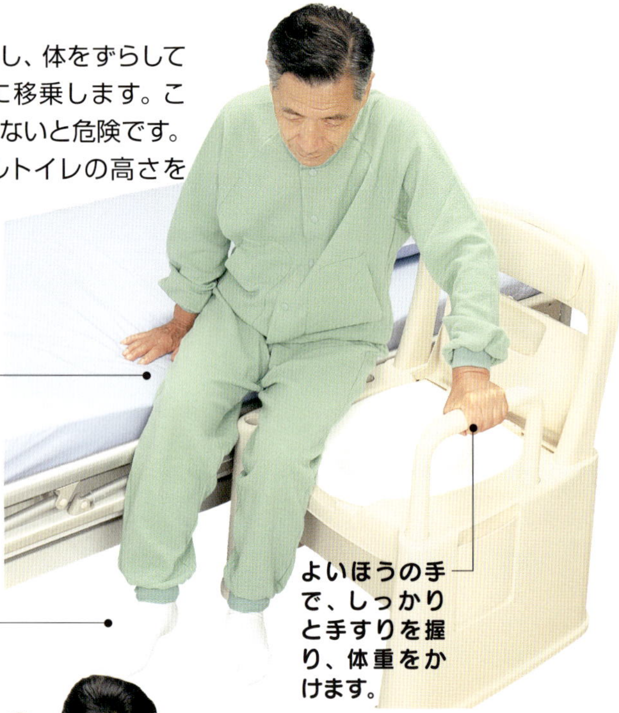

ベッドから体をずらして、ポータブルトイレに乗り移ります。

ベッド、ポータブルトイレは、足がつく高さに。

よいほうの手で、しっかりと手すりを握り、体重をかけます。

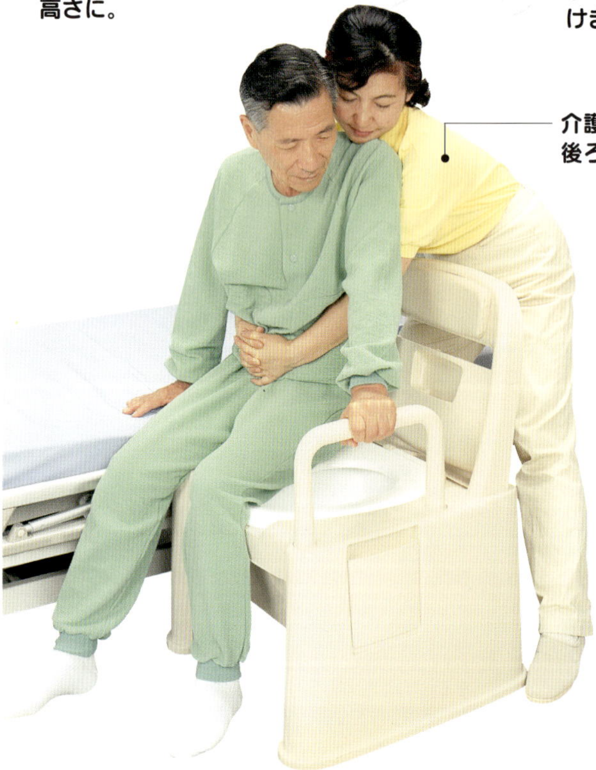

介護者が助ける場合は、後ろから両手を回します。

ポータブルトイレへと体をずらす動作がうまくできない場合は、介護者が後ろから両手を回して助けます。
少し体を引き上げて移動させせます。

②

介護者はお年寄りの前にまわり、ズボンと下着を下ろします。この時、お年寄りに、よいほうの手で体を支えて腰を浮かせてもらいます。マヒ側の足を介護者の両ひざではさむと安定します。

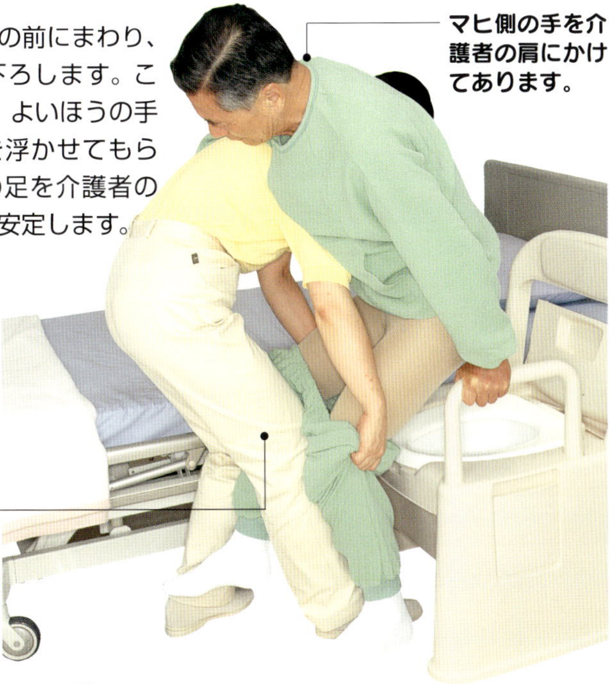

マヒ側の手を介護者の肩にかけてあります。

介護者の両ひざでマヒ側の足をはさみます。

③

便座に腰を下ろしたら、紙を手の届くところに用意。すんだら声をかけるよう説明して、介護者はその場を離れます。

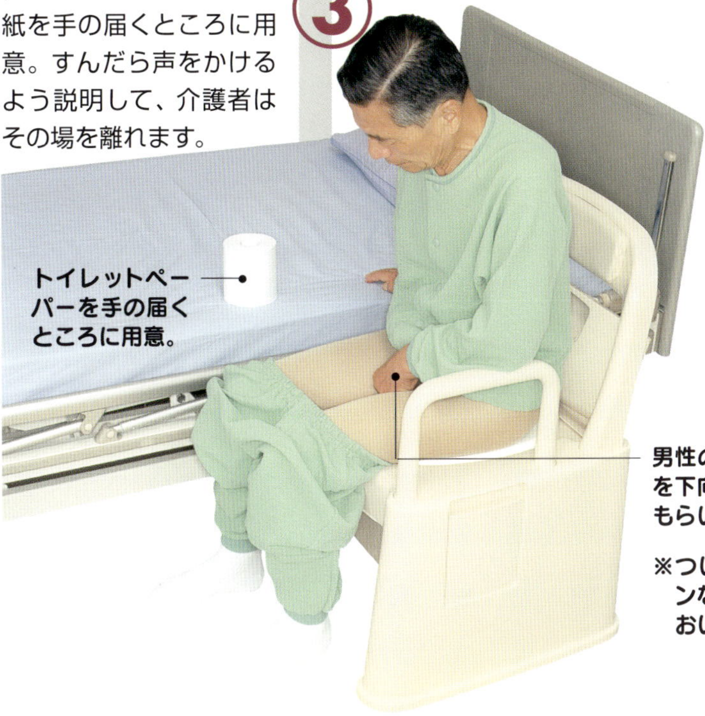

トイレットペーパーを手の届くところに用意。

男性の場合は、陰茎を下向きに押さえてもらいます。

※ついたて、カーテンなどで周囲をおおいます。

尿器の使い方

「情けない」気持ちに配慮して、手際よく

だれしも、「下の世話だけにはなりたくない」という気持ちを持っています。お年寄りの情けない気持ちを察して、手早く、失敗なくすませたいもの。さりげなく言葉をかけながら、自然な態度で接します。

尿器には男性用・女性用が

尿器には男性用・女性用があるほか、素材もガラス製・プラスチック製があります。女性用の尿器は、差しこみ便器で代用することもできます。

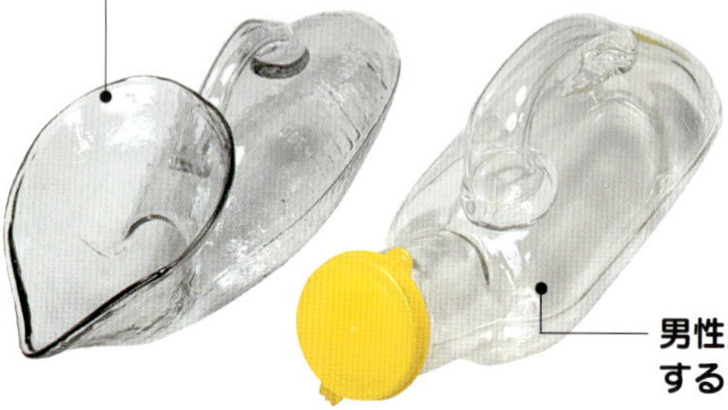
女性用尿器。ガラスは冷たいので、温めて使用。
男性用尿器。自分で使用することも可能です。

露出部をできるだけ少なく

あお向けでひざを立て、頭側を少し上げます。陰部以外はかけ物でおおい、露出をできるだけ少なくします。

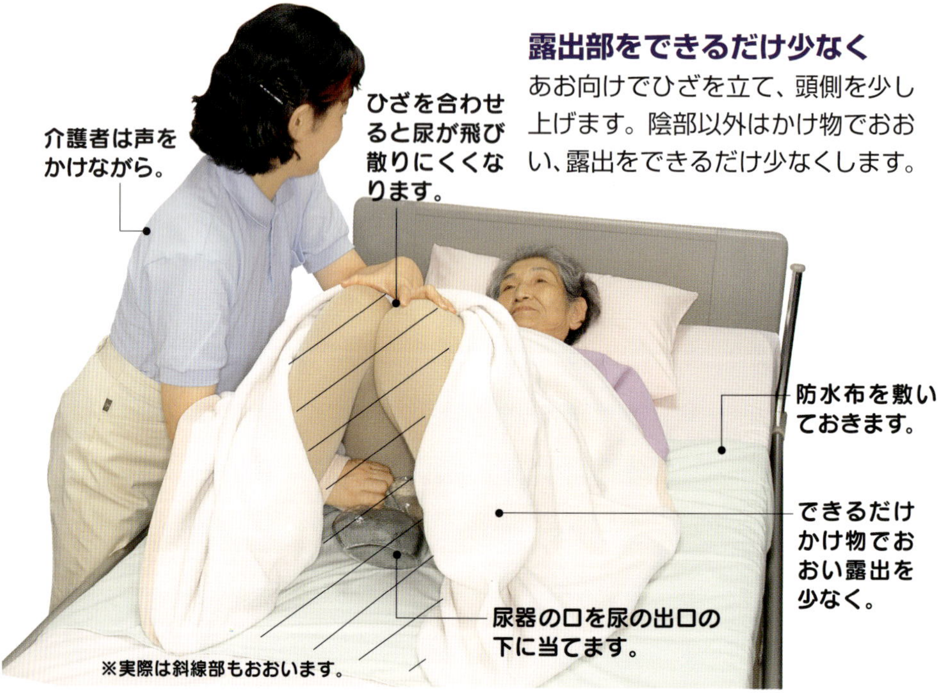
介護者は声をかけながら。
ひざを合わせると尿が飛び散りにくくなります。
防水布を敷いておきます。
できるだけかけ物でおおい露出を少なく。
尿器の口を尿の出口の下に当てます。
※実際は斜線部もおおいます。

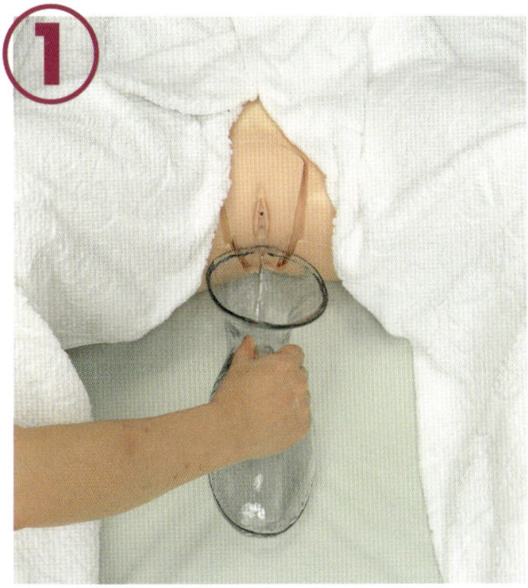

尿器の当て方――女性の場合

尿器を尿の出口の下に密着させます。トイレットペーパーを折り、陰部に当てて先を尿器内にたらすと、尿を誘導してくれます。上半身を少し上げると、尿器が密着し、排尿もしやすくなります。

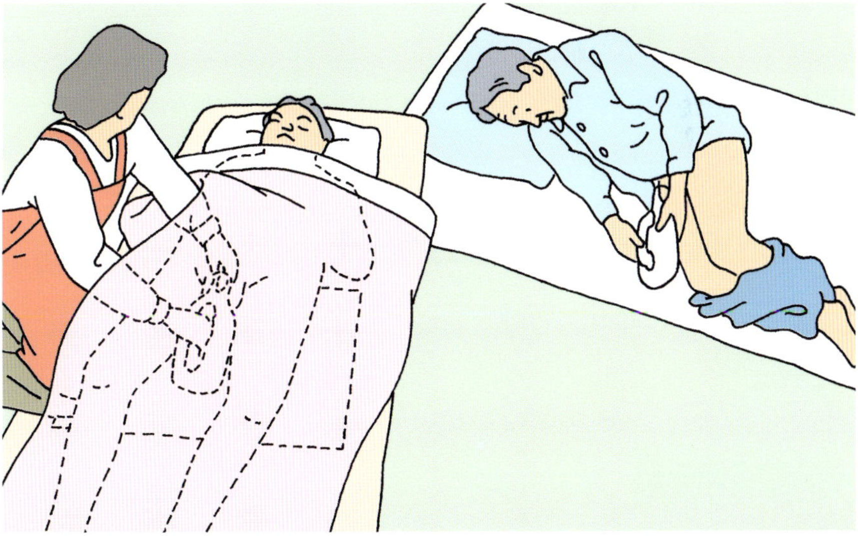

尿器の当て方――男性の場合

男性の場合は、尿器に陰茎を入れます。自分でできる人は、たとえば横向きになったり、やりやすい体位で行います。

便器の使い方

腰が上げられるかどうかで、やり方が変わります

便器の当て方は、腰が上げられるかどうかで変わってきます。できるだけお年寄りに残された力を活用し、失敗のない方法を工夫したいもの。後始末は速やかに行って換気をしたり、自然に声をかけて気兼ねを和らげます。

便器には、和式と洋式があります

さまざまな便器が工夫されていますが、左のような洋式便器、和式便器があります。

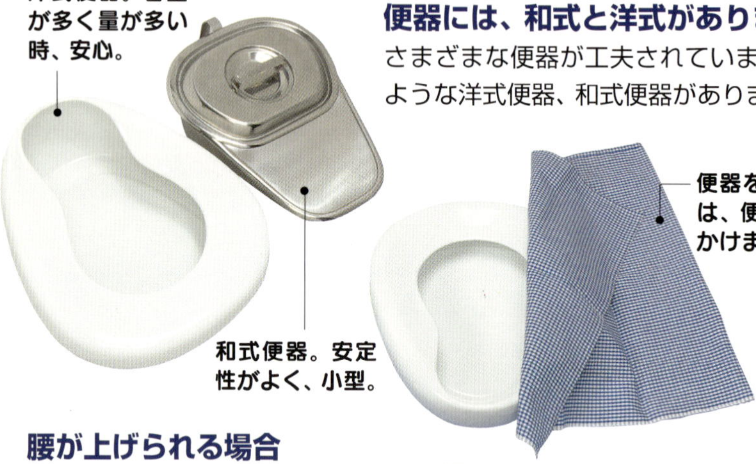

洋式便器。容量が多く量が多い時、安心。
和式便器。安定性がよく、小型。
便器を持ち運ぶ時は、便器カバーをかけます。

腰が上げられる場合

介護者が声をかけて息を合わせ、お年寄りに腰を上げてもらい、便器を差しこみます。片手でお年寄りの腰を支えます。防水布を敷き、かけ物をかけます。

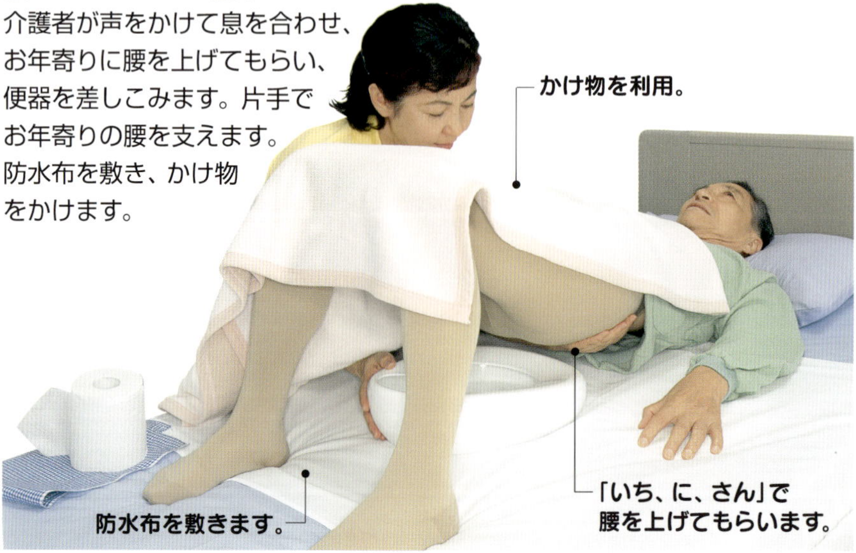

かけ物を利用。
防水布を敷きます。
「いち、に、さん」で腰を上げてもらいます。

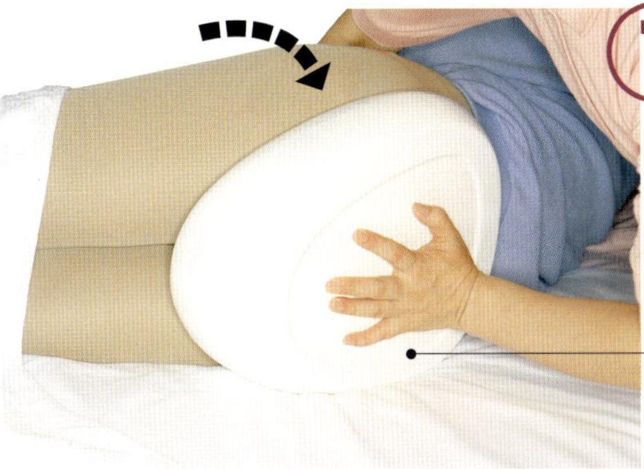

1 腰が上げられない場合は、横向きで便器を当てます。位置が正しいことを確かめて便器を押さえ、反対側の手で体を傾けて便器の上に乗せます。

便器の位置を確かめ、ずれないようにしっかり押さえます。

2 体をあお向けに戻し、便器が正しい位置に当たっていることを確認します。

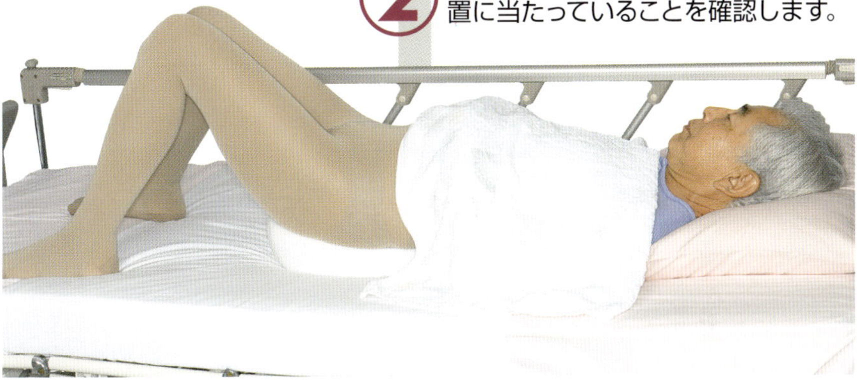

3 かけ物をかけて、終わったら声をかけてくれるように話し、その場を離れます。ベッド柵は両側を上げます。

かけ物でおおって退室。鈴などを持たせる場合も。

そばを離れる場合は、必ず両側のベッド柵を上げます。

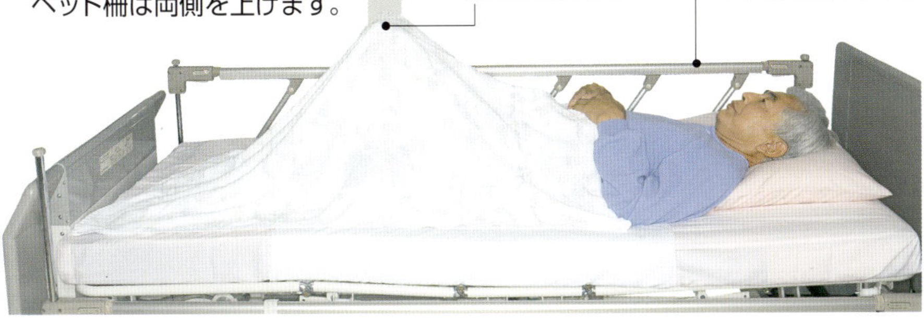

おむつの交換

おむつは、やむをえない場合のみ使います

おむつはお年寄りの自尊心を傷つけ、尿意・便意をなくすなどの弊害があります。おむつの使用は、お年寄りの状態をよくみて、どうしても必要な場合に限ります。

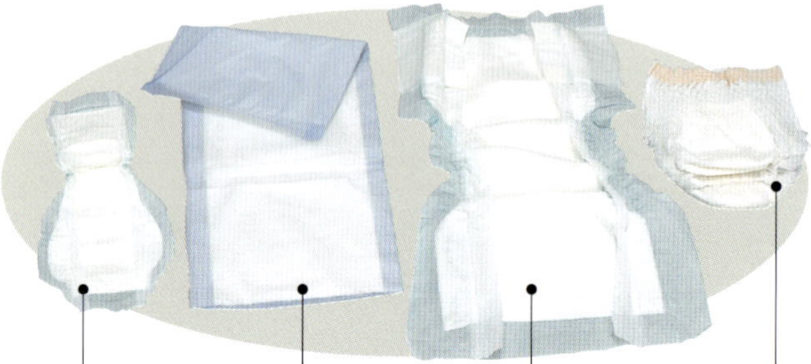

尿用のパッド。パンツに当てて使います。

おむつカバーを使うタイプのおむつ。

おむつカバーがいらないタイプのおむつ。

パンツタイプのおむつ。

紙おむつの種類

紙おむつには、いろいろな種類があります。パンツや大型のおむつにパッドを併用して、パッドだけ交換するなどの使い方もできます。

1 おむつの取り替えは、腰が上げられない時は、あお向けよりも横向きが簡単です。おむつを内側に丸めながら、外します。

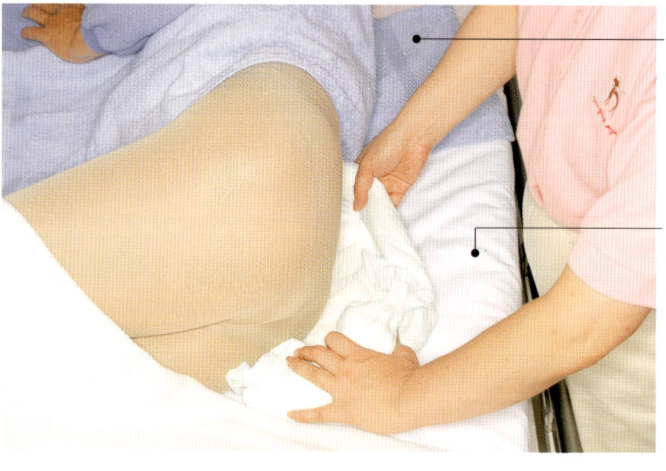

臀部以外にはかけ物をして、露出は最小限に。保温の意味もあります。

おむつをしている場合は横シーツを敷いておくと安心。

2 尿だけの場合も、熱いお湯で絞ったタオルで陰部をふくとさっぱり。便は紙でふきとり、石けんをつけてお尻をふきます。お湯で石けんをふきとり、乾いた布で水分をとります。

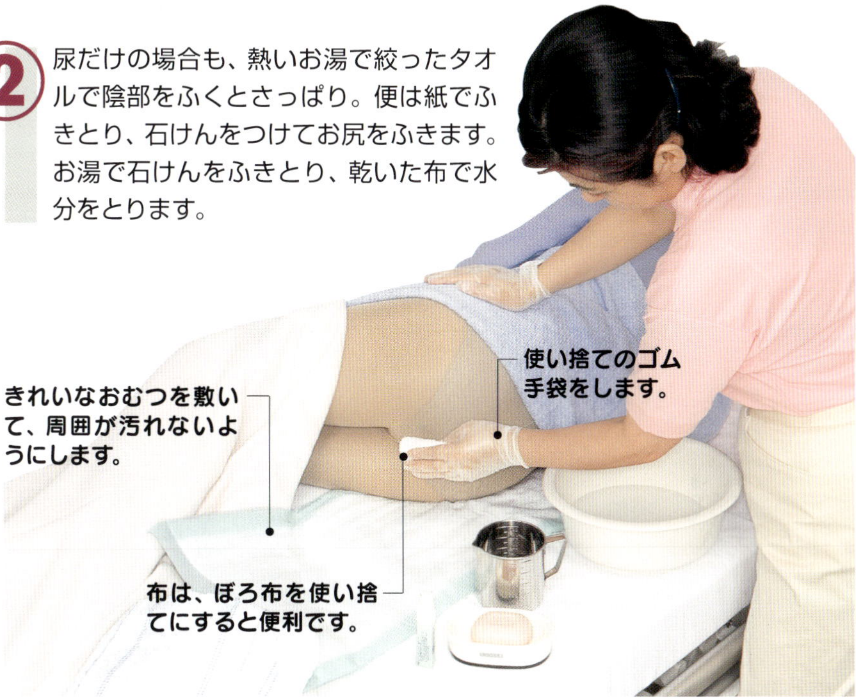
使い捨てのゴム手袋をします。
きれいなおむつを敷いて、周囲が汚れないようにします。
布は、ぼろ布を使い捨てにすると便利です。

3 おむつを当てる時は、まず、おむつの中央をお年寄りの背中の中央に合わせます。この際、前の部分をまたにくぐらせておくと、あお向けにした時、おむつの位置がずれません。

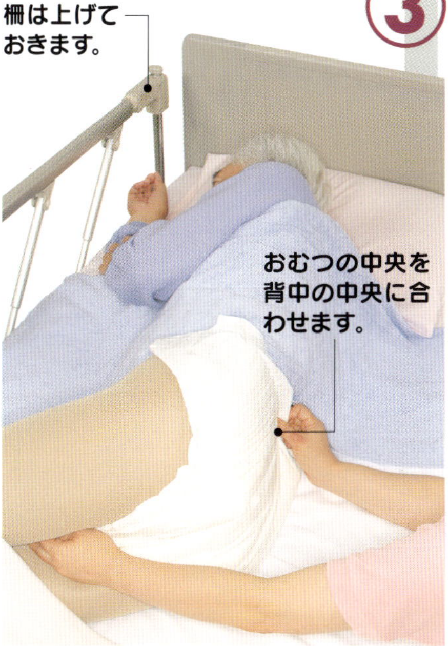
柵は上げておきます。
おむつの中央を背中の中央に合わせます。

4 あお向けにして、おむつの前を整えます。汚れたおむつは古新聞などに包んで処理。

便秘で不快な時には

年をとると、便秘がちになります

年をとると食事が少量になったり柔らかいものに偏る、腸の動きが低下する、腹筋が弱くなるなどの理由から、便秘がちの人が多いのです。お腹が張って不快な時は、温湿布やマッサージを試してみます。

お湯で絞ったタオルでお腹を温湿布

熱いお湯で絞ったタオルをお腹に当てて、温湿布をしてみませんか？
腸を刺激して排便によい効果があります。

※和やかに言葉を交わしながら、行いたいもの。ケアは、いつもやさしい言葉かけとともに。

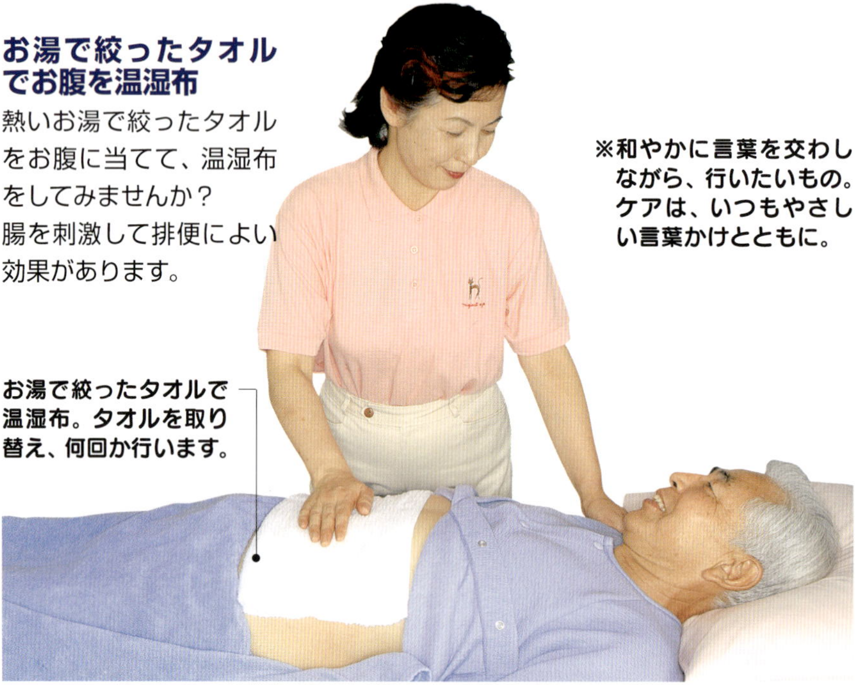

お湯で絞ったタオルで温湿布。タオルを取り替え、何回か行います。

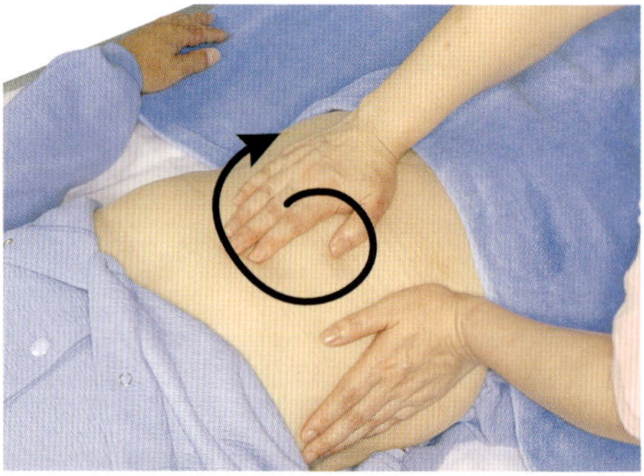

おへそを中心に「の」の字でマッサージを

おへそを中心に時計回りに「の」の字を描くマッサージは腸の走行に一致し、腸の動きを促す効果が期待できます。手のひらを用い、大きな動作で何回も行います。

第5章

保健婦
紅林みつ子
東京慈恵会医科大学医学部
看護学科講師
櫻井尚子
（文責：編集部）

体の動かし方

●安楽な体位を工夫して
●あお向けから横向きへ
●寝た姿勢から起きた姿勢へ
●ベッドからの立ち上がり
●布団からの起き上がり
●ベッドから車いすへ
●車いすでの介助
●歩行の介助
●杖を使った歩行

安楽な体位を工夫して

枕やクッションを活用して、楽な体位を工夫

自分で体位を変えられないお年寄りはもちろんのこと、ベッドにいる時間の長いお年寄りの場合は、介護者が当て物やベッドの角度を工夫して、楽な体位作りをお手伝いします。本人の希望を尊重することが大切です。

あお向けでの楽な体位

ベッドの頭部を少し上げ、同時にひざの下も折り曲げて、安楽な体位を工夫します。

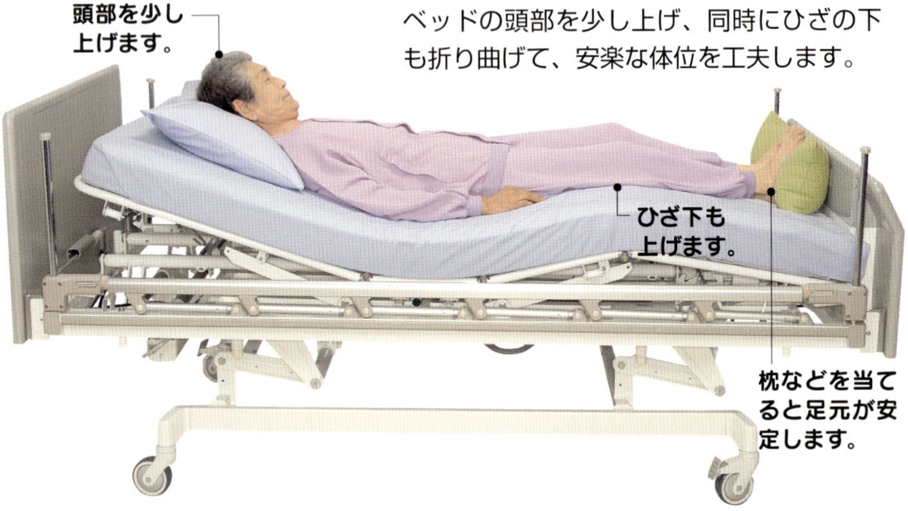

頭部を少し上げます。
ひざ下も上げます。
枕などを当てると足元が安定します。

横向きには、クッションが活躍

横向きの場合は、上になる手足の下にクッションや枕を当て、安楽な形を作ります。

マヒがある場合は、マヒ側を上に。
関節から関節までを、大きく支えます。
マヒ側の手は、位置に注意します。

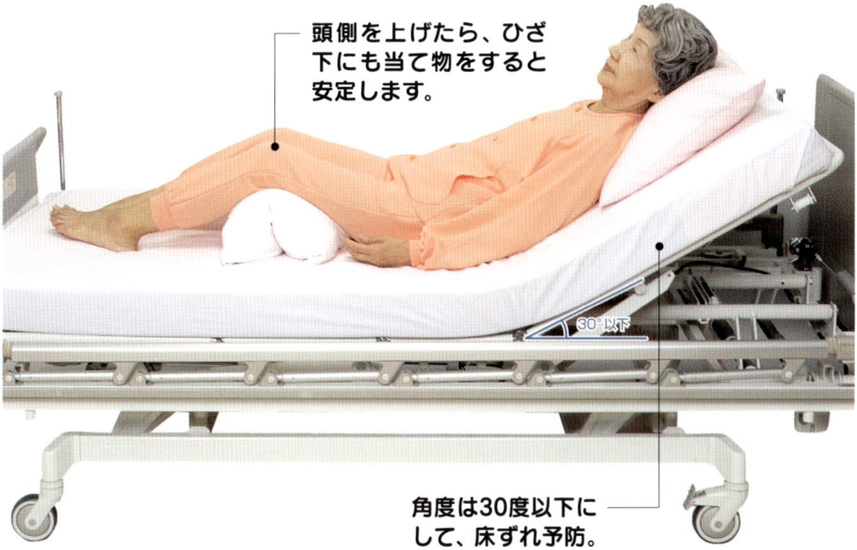

頭側を上げたら、ひざ下にも当て物をすると安定します。
30°以下
角度は30度以下にして、床ずれ予防。

半座位は30度以下に

半座位は、ひざ下の当て物が安定のポイントです。ベッドの角度は30度以下が床ずれ予防に効果があると言われます。

腰かける姿勢は、足をつけて

ベッドに腰かける姿勢をとる時は、必ず、床に足がつくことが必要。ベッドの高さに注意します。

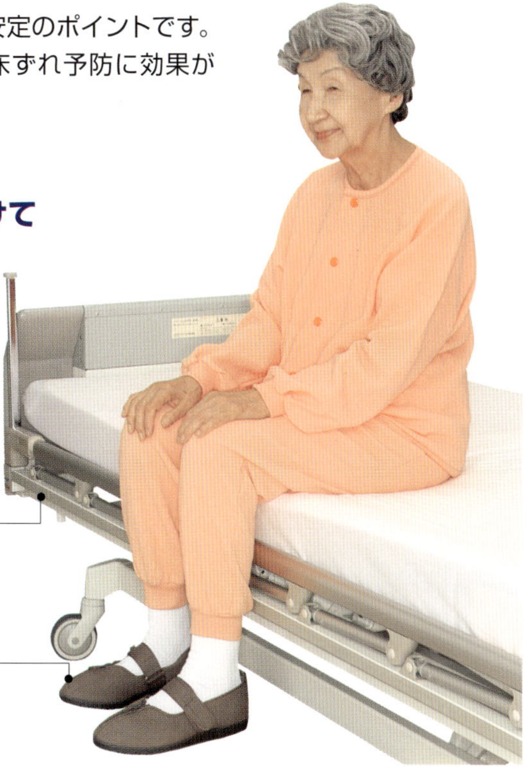

ベッドは、お年寄りの足が床につく高さが安全です。
足底が完全に床についた状態が、姿勢を安定させます。

あお向けから横向きへ

手前に引き寄せてから、横向きに体位変換

あお向けの姿勢から横向きにするには、まず、お年寄りを手前に引き寄せてから。横向きになった時、ベッドの中央に体がくるようにするためです。
引き寄せる際は、介護者は腰を落として重心を移動することがポイントです。

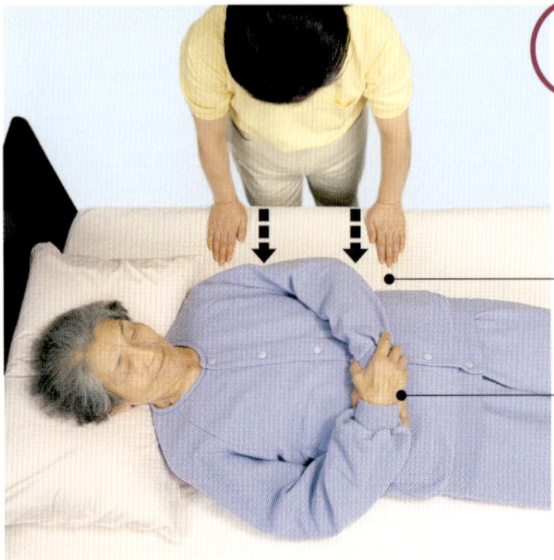
手のひらを下に。
マヒ側の手の安全を守るため、よいほうの手で握ってもらいます。

①まず、介護者の両手をお年寄りの体の下に差しこみます。この時、手のひらを下にして差しこみ、向こう側に出てから手のひらを返すとスムースです。

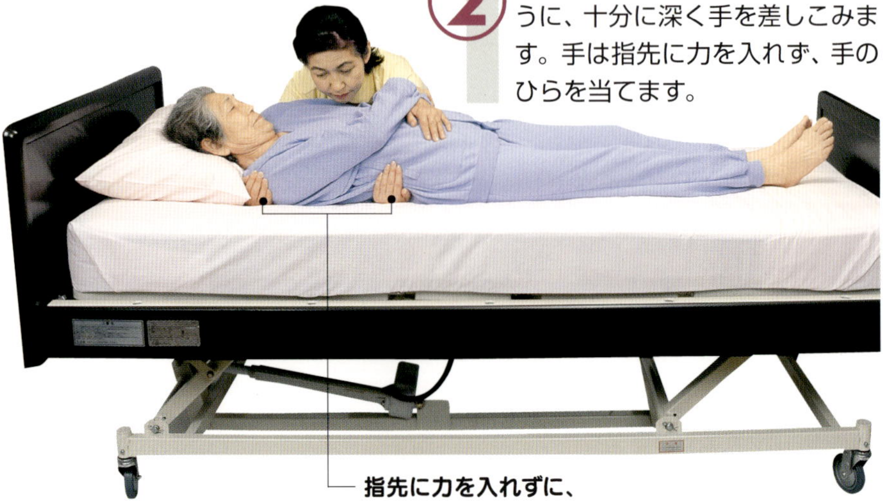
指先に力を入れずに、当てます。

②両腕でお年寄りの体を支えるように、十分に深く手を差しこみます。手は指先に力を入れず、手のひらを当てます。

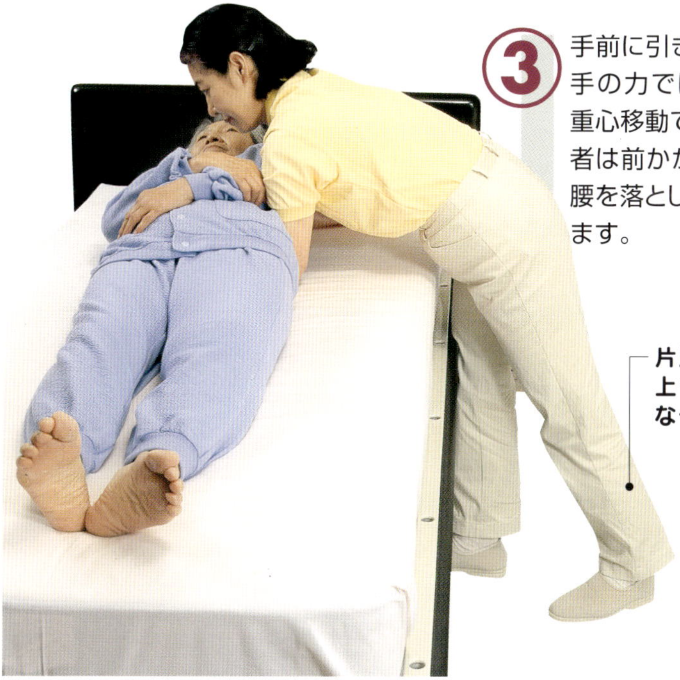

3

手前に引き寄せる動作は、手の力ではなく介護者の重心移動で行います。介護者は前かがみの姿勢から、腰を落とした姿勢に変化します。

片足を十分に引き、上体は前かがみになっています。

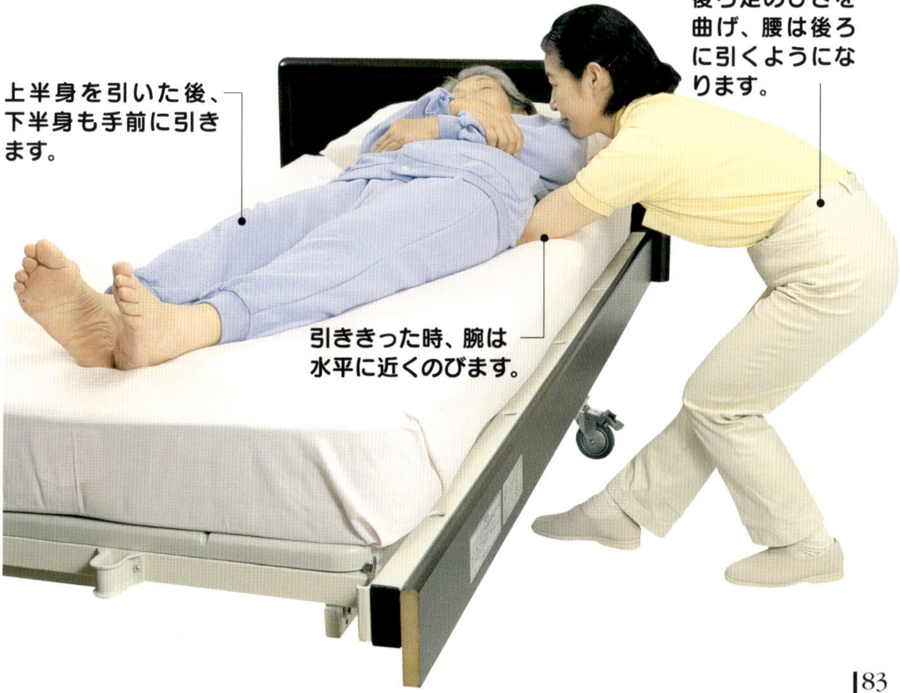

後ろ足のひざを曲げ、腰は後ろに引くようになります。

上半身を引いた後、下半身も手前に引きます。

引ききった時、腕は水平に近くのびます。

④

上半身と同じように、下半身も手前に引き寄せます。その後、横向きで上になる足（マヒ側）を上にして、足を組みます。

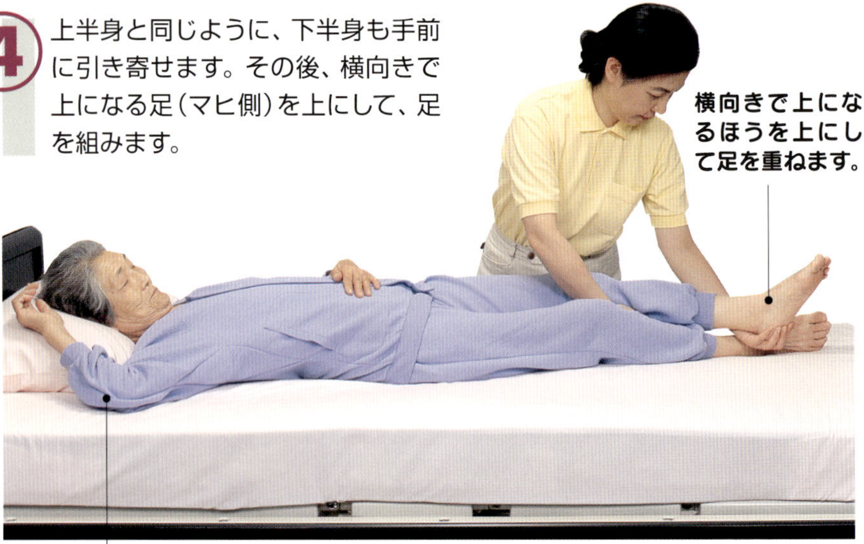
横向きで上になるほうを上にして足を重ねます。
体が向くほうの手をあらかじめ上げておきます。

⑤

介護者は、ベッドの反対側に回ります。お年寄りの肩と腰に手を深く差しこみ、両腕をのばして③と同じように重心移動を行います。
体は自然に回転して、横向きになります。

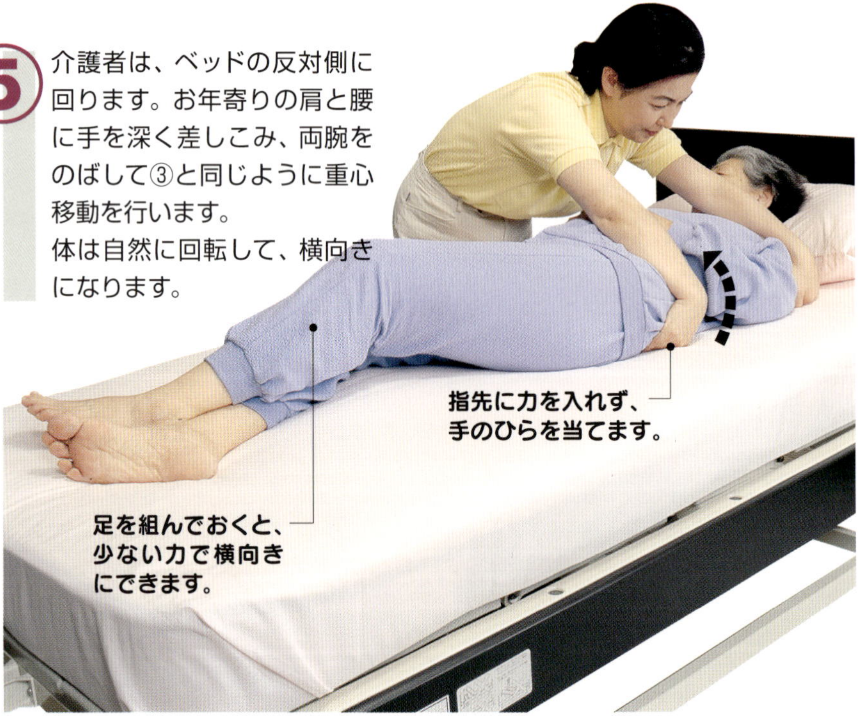
指先に力を入れず、手のひらを当てます。
足を組んでおくと、少ない力で横向きにできます。

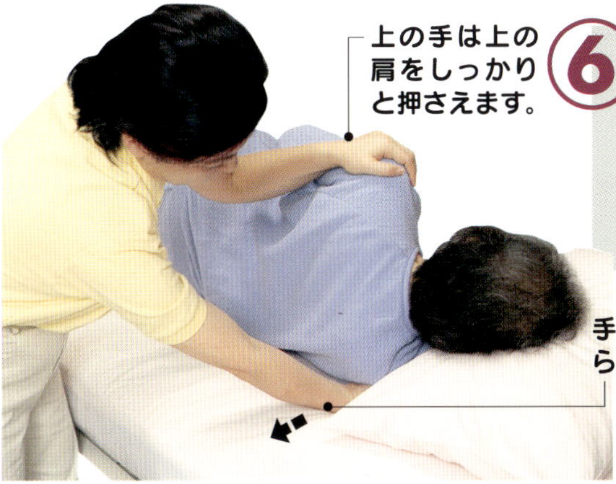
上の手は上の肩をしっかりと押さえます。
手を十分差しこみ、手のひらで支えて引き寄せます。

6 横向きにしたら、下側の肩を少し引き出して、姿勢を安定させます。
この時、片手で上の肩を押さえ、もう片方の手で下の肩を引き出します。

7 腰の位置も必要があれば、肩と同じ方法で直します。
お年寄りに具合を確かめながら行います。

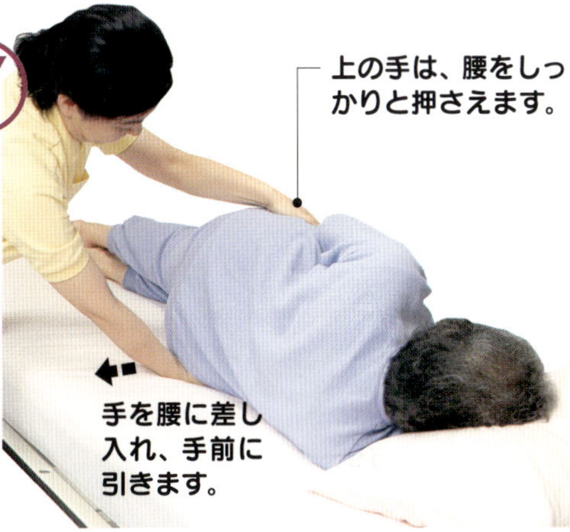
上の手は、腰をしっかりと押さえます。
手を腰に差し入れ、手前に引きます。

8 手足の下にクッションや巻いたタオル、座布団などを当て、安楽な姿勢を整えます。

巻いたタオルを当てています。
二つ折りにした座布団を当てています。
関節から関節までを大きく支えます。

寝た姿勢から起きた姿勢へ

しっかりと体を密着させて、起こします

お年寄りをベッドの手前に引き寄せ、足を下ろしてから、上半身を抱き起こします。手を深く回して、体を密着させて行うとお互いが楽です。腰かけた姿勢は足を床につけ、上半身をまっすぐのばします。

1 お年寄りをベッドの手前に引き寄せ(p82～83参照)、両手を差しこんで両足をベッドから下ろします。

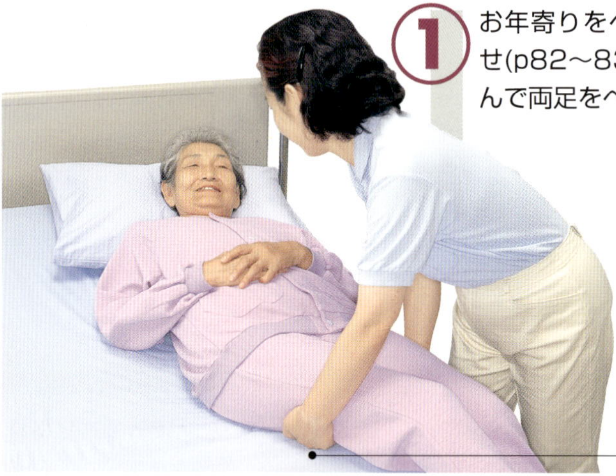

両手を差しこんで、まず、両足をベッドから下ろします。

2 介護者は両手をお年寄りの背中に回し、腰を落として抱きかかえます。お年寄りは両手を介護者の背中に回します。

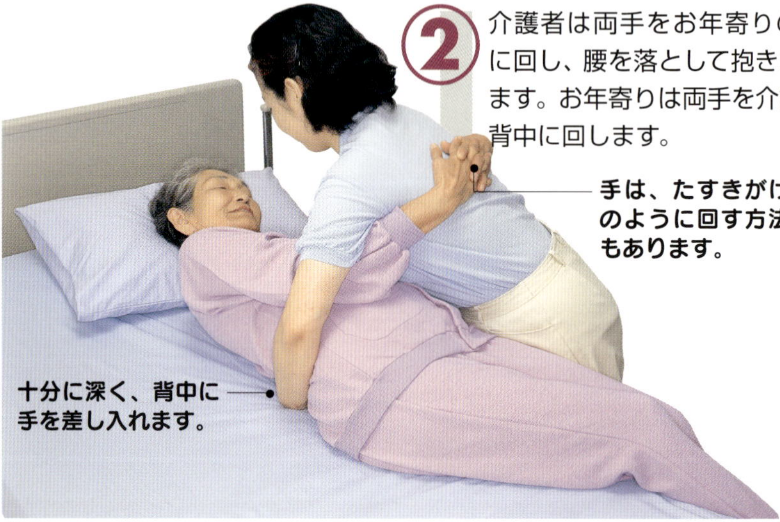

手は、たすきがけのように回す方法もあります。

十分に深く、背中に手を差し入れます。

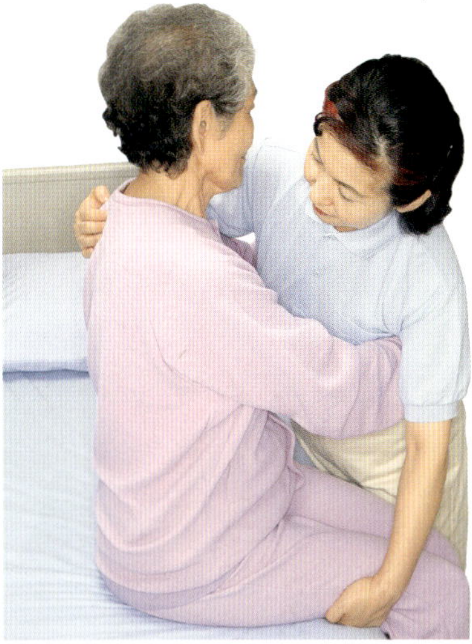

3 介護者は、かけ声とともに重心を移動して、お年寄りの上半身を起こします。

4 お年寄りの体のねじれを直し、姿勢を整えます。腰をベッドに対して垂直にします。

5 上半身をのばし、足は床につけます。腰とひざが直角になるように姿勢を整えるのが理想です。

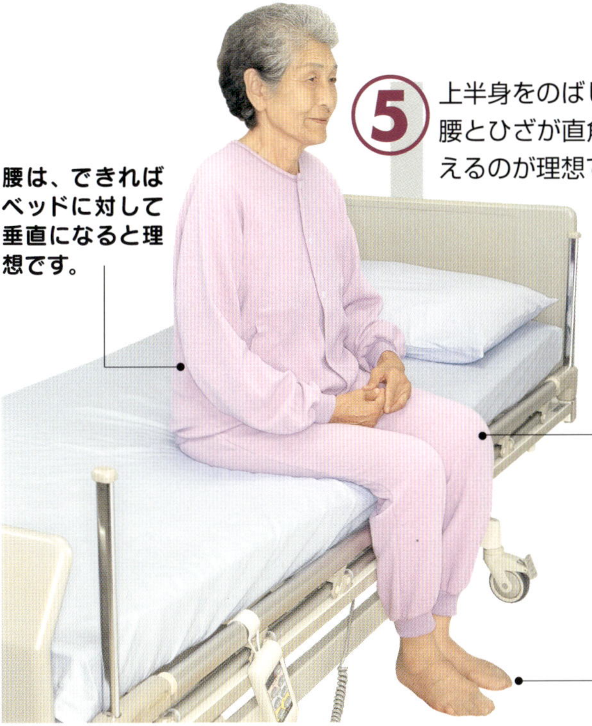
腰は、できればベッドに対して垂直になると理想です。
ひざも直角になるようにします。
足が床につくのが原則。足が浮くと姿勢が安定せず危険です。

ベッドからの立ち上がり

お年寄りの両ひざの間に介護者の片足を踏みこんで

立ち上がりのお世話は、介護者の片足をお年寄りの両ひざの間に踏みこみ、マヒ側を支えて、体を密着させて行うとうまくいきます。「いち、に、さん」と声をかけて、息を合わせて行います。

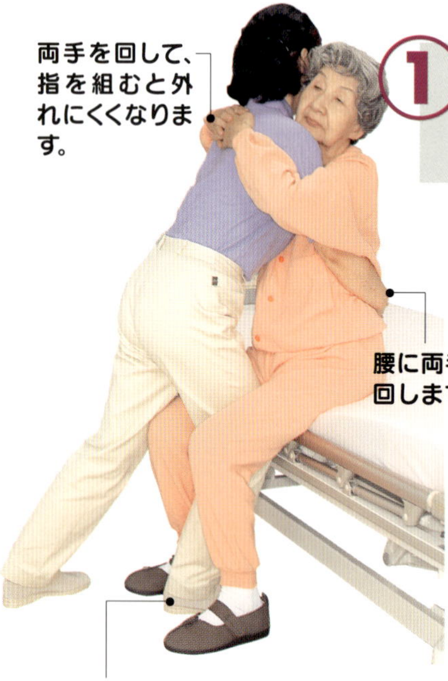
両手を回して、指を組むと外れにくくなります。
腰に両手を回します。
片足をお年寄りのひざの間に入れます。

1 お年寄りの両ひざの間に、介護者の片足を入れ、マヒ側を支えます。お年寄りの腰に両手を回し、お年寄りの手は介護者の肩に回してもらいます。

あごを肩に預けるような姿勢になります。

2 「いち、に、さん」のかけ声で、息を合わせて立ち上がります。お年寄りにも、よいほうの足に力を入れて協力してもらいます。

布団からの起き上がり

介護者のひざを利用すると、楽に起き上がれます

最近では、介護を受ける人はベッドを利用するのが普通ですが、中には布団を好むお年寄りもいます。布団からの起き上がりは、介護者が正座の姿勢をとり、ひざに乗せてから行うと簡単です。

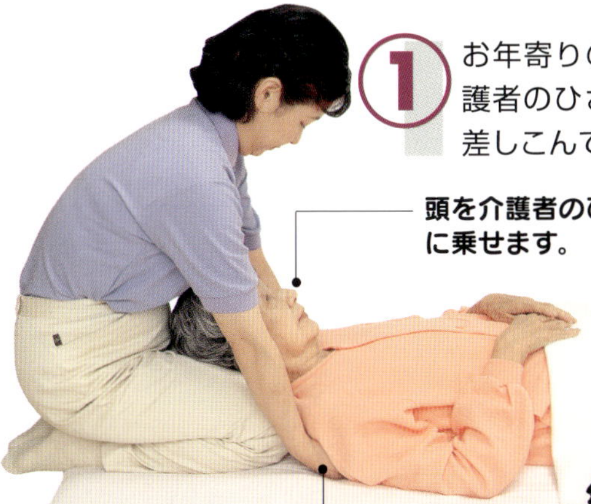

1 お年寄りの枕を外して、頭を介護者のひざに乗せます。両手を差しこんで、肩を引き上げます。

頭を介護者のひざに乗せます。

両手を十分に差しこむのがポイント。

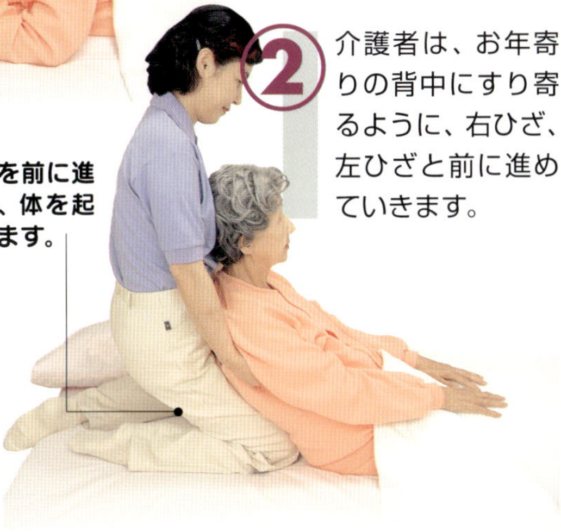

2 介護者は、お年寄りの背中にすり寄るように、右ひざ、左ひざと前に進めていきます。

ひざを前に進めて、体を起こします。

最後は、介護者がひざ立ちの姿勢に。

3 介護者がひざ立ちの姿勢になった時、お年寄りの上半身も完全に起き上がっています。

ベッドから車いすへ

片足を踏みこみ、回転して移動

ベッドから車いすへの移動は、ベッド→ポータブルトイレ、車いす→トイレなど、同じようなほかの場面にも応用できる基本の介助方法です。お年寄りのひざの間に介護者の片足を入れ、体を回転させるのがポイントです。

1 お年寄りはベッドに腰かけ、車いすを斜めに置きます。車いすの位置・角度・足置きとブレーキに注意します。

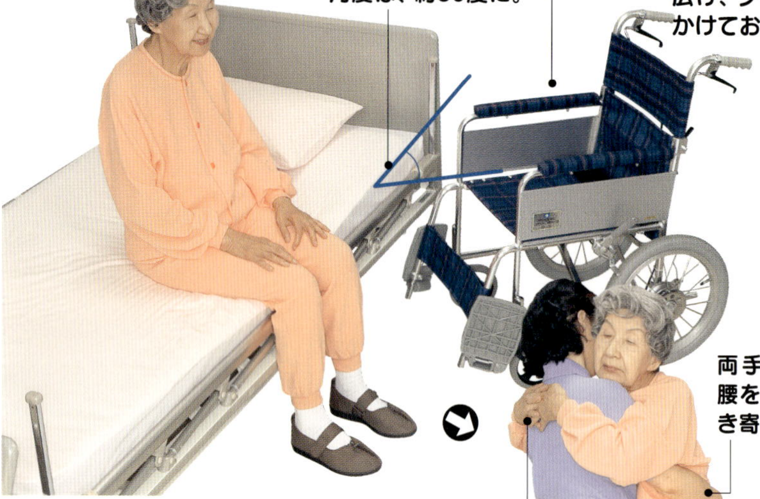
ベッドと車いすの角度は、約30度に。
車いすは足置きを広げ、ブレーキをかけておきます。

両手を組み、腰をぐっと引き寄せます。
肩に手を回して組んでもらいます。
両ひざで、マヒ側の足をはさみます。

2 お年寄りのひざの間に介護者の片足を入れ、両手をお年寄りの腰で組み、かけ声とともに腰を引き寄せます。

3 介護者の片足を軸に、お年寄りのマヒ側のひざをはさんだまま、体を車いすのほうに回転させます。

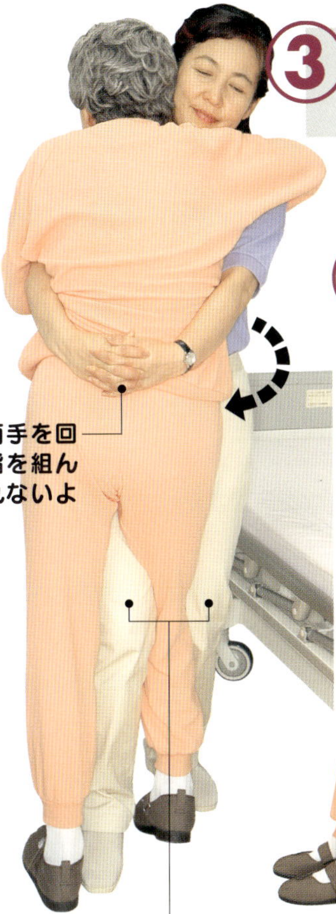
腰に両手を回し、指を組んで外れないように。
軸足で回転し、もう片方の足でマヒ側のひざをはさみます。

4 車いすへの座り方が浅い場合は、お年寄りのわきの下から両手を入れ、引き寄せるようにします。

足置きは開いておきます。
ブレーキをかけて、安全に。

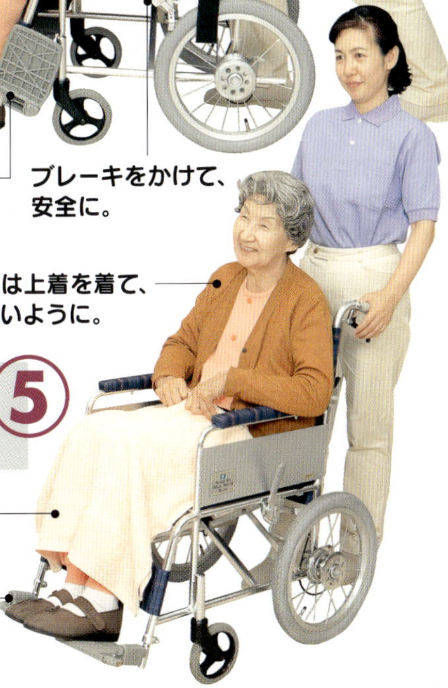
外出時は上着を着て、寒くないように。
ひざかけで足元の保温を。
足がきちんと乗っていることを確認。

5 車いすで移動する場合は、上着・ひざかけ・はきものに気配りを。身だしなみと、保温に気をつけます。

車いすでの介助

各部の機能を知って、安全な操作を

車いすでのお世話は、お年寄りの生活範囲をベッドから居間へ、居間から外の世界へと広げてくれます。介護者は、車いすの機能と操作のコツを知って、安全に楽しくお世話を行いたいものです。

各部の名前と機能を確認

写真は、介助用の車いす。このほか自走用や電動式、リクライニング式などがあります。

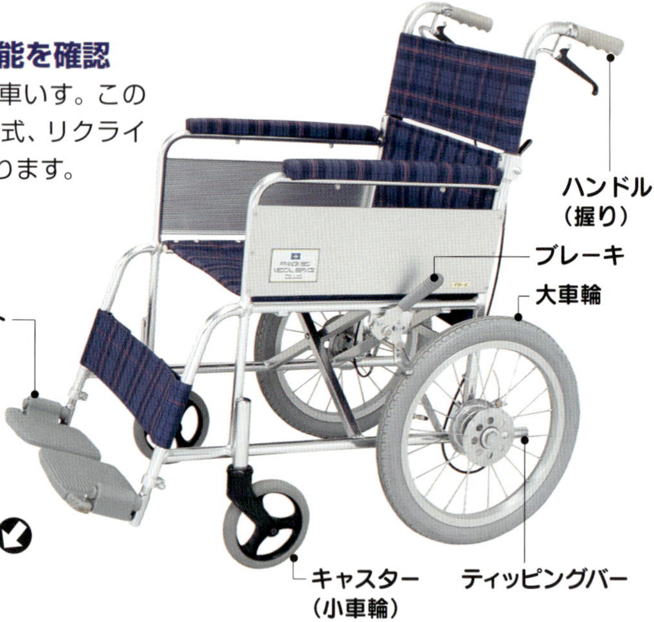

ハンドル
（握り）
ブレーキ
大車輪
フットレスト
（足置き）
キャスター
（小車輪）
ティッピングバー

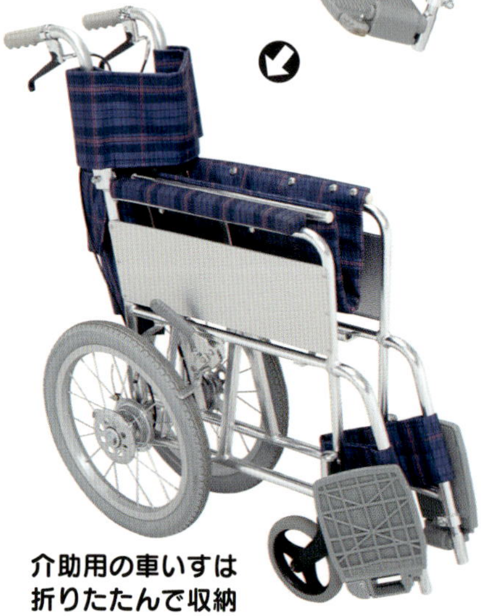

介助用の車いすは折りたたんで収納できます。

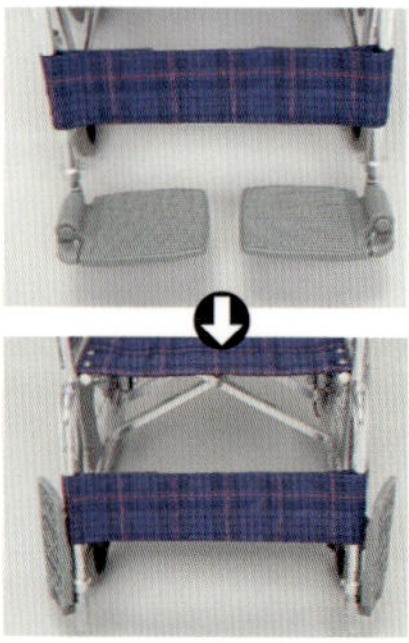

足置きは乗り降りの際は開き、移動時は下げて足を乗せます。

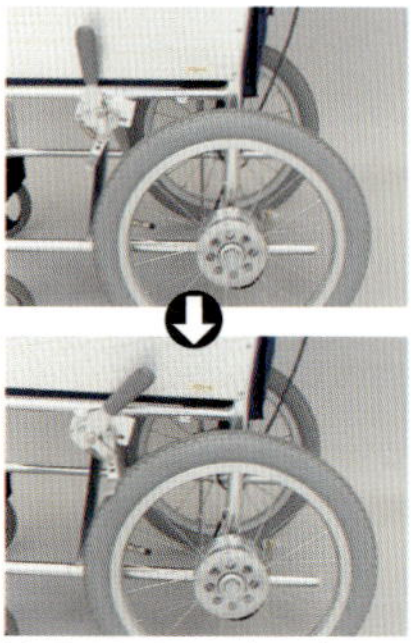

停車時は必ず、ブレーキを下ろすよう習慣づけます。

段差は、ティッピングバーを踏みこんで

車いすにお年寄りを深くかけさせ、安全ベルトをします。足が足置きにきちんと乗っていることを確認してから、移動を開始。段差は、介護者がティッピングバーを踏みこんで、小車輪を上げて乗り越えます。

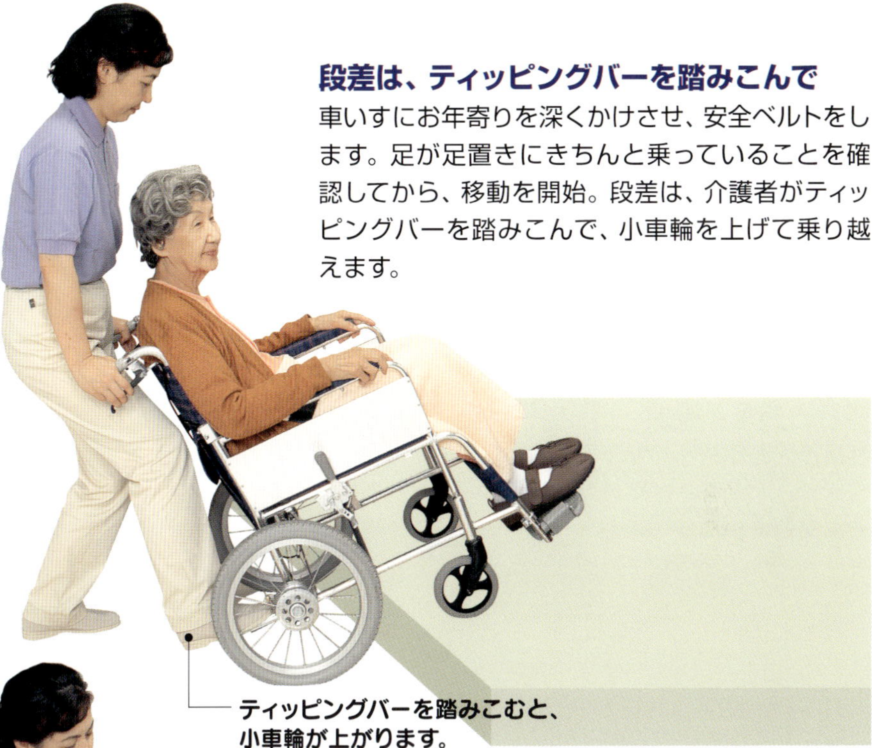

ティッピングバーを踏みこむと、
小車輪が上がります。

傾斜面は、すべり落ちないように

傾斜面では車いすがずり落ちないよう、介護者はしっかりとハンドルを支えます。下りは後ろ向きで、安全を確かめながらゆっくりと下ります。

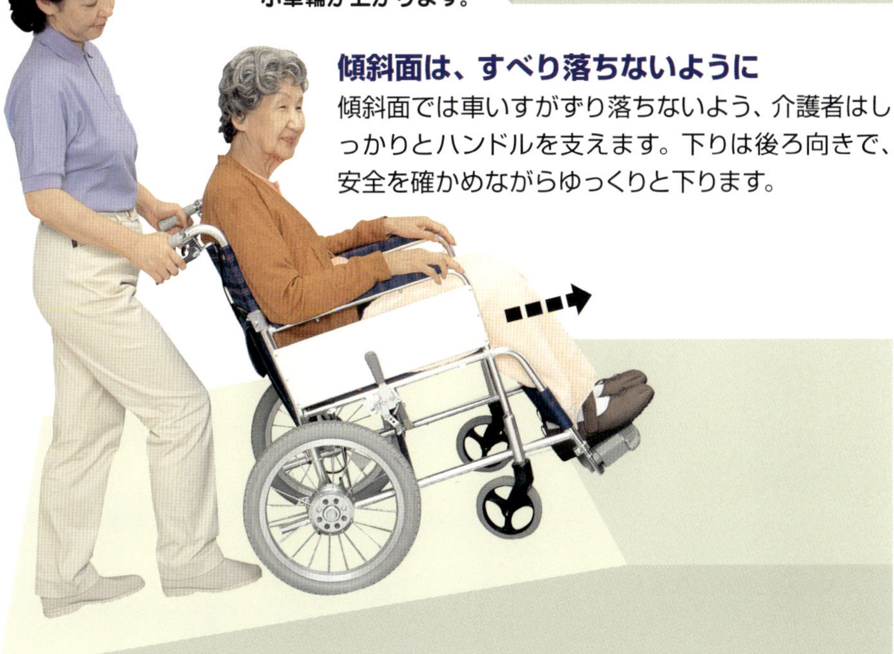

歩行の介助

マヒ側に注意して支えます

自分で歩けるようになると、お年寄りの世界は大きく広がり、生活意欲も高まります。杖歩行ができるようになる前の段階では、介護者の支えが必要。マヒ側の足を支えたり、前に出すお手伝いをします。

横から支える場合

介護者はお年寄りのマヒ側に立ちます。片足をマヒ側の足に当てて支えます。

よいほうの足に体重をかけて、立ちます。
マヒ側の足に片足を当てて支えます。

後ろから支える方法

後ろから支える場合は、手をお年寄りの腹部に回し、指を組みます。

目線は真下を向かず、なるべく上げるようにします。
後ろから両手を回して、お年寄りのお腹のところで組みます。
マヒ側の足に当てて、ひざで支えます。

杖を使った歩行

その人に合った杖を選び、介護者がついて安全に

杖歩行を始める前には、リハビリの専門家の指導を受けます。慣れるまでは必ず、介護者がそばについて安全を確かめます。その人に合った杖、安全なはきものを選ぶことが大切です。

杖の長さと種類に注意

杖は、お年寄りが手に持って、軽くひじが曲がる程度が適当。
その人に合った杖の種類と安全なはきものを選びます。

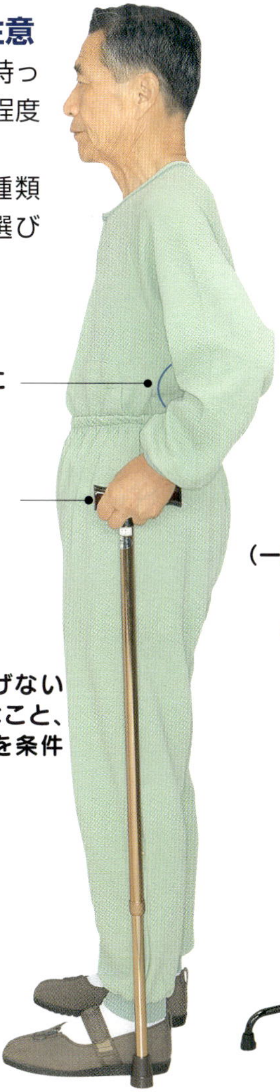

ひじが120～150度に曲がる長さが適当。

手の力などに合わせ、杖の種類を選びます。

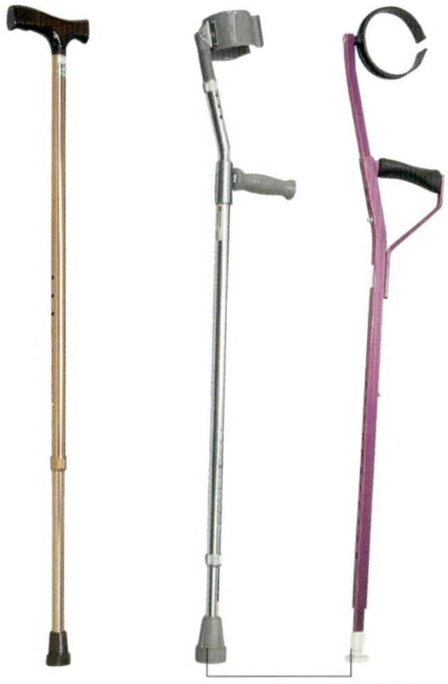

T字杖（一般的な杖）

ロフストランド杖（腕の力がない時など）

四脚杖（バランスが悪い時など）

※四脚杖は、歩く時に四脚のすき間に足がはさまることがあるので、注意が必要です。

はきものは、脱げないこと、着脱が楽なこと、すべらないことを条件に選びます。

知っておきたい杖歩行の基本パターン

杖歩行は基本的に、①杖　②マヒ側の足　③よいほうの足、という順序で前に出します。上達すると、杖とマヒ側の足が同時に前に出ます。

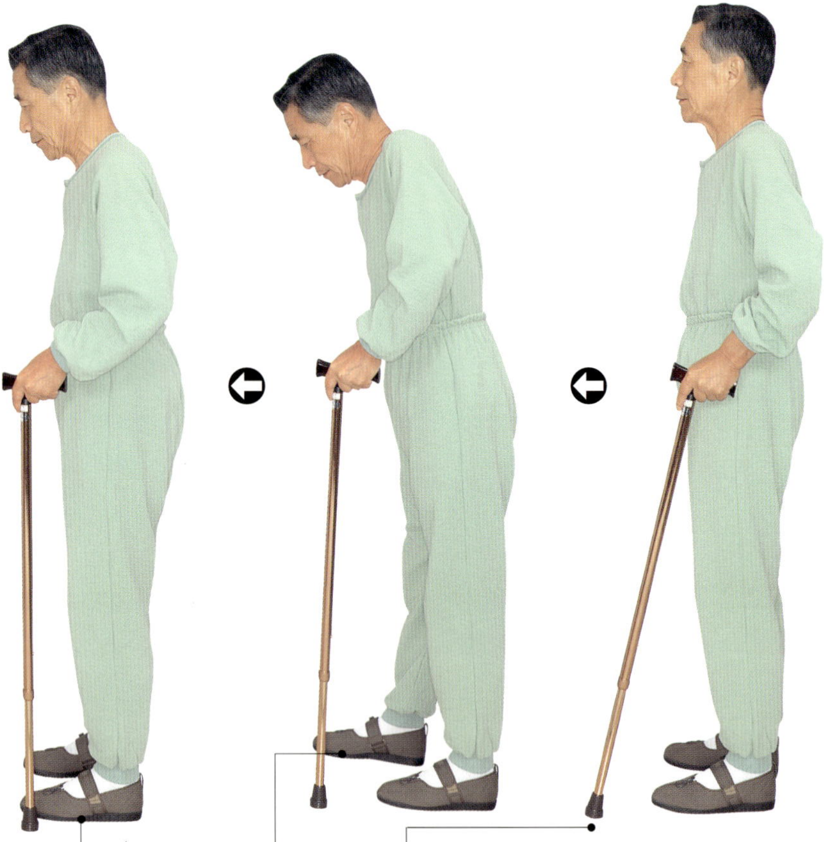

1 杖はよいほうの手に持ち、まず、つま先から15㎝程度前につきます。目線は下を向かず、前を見ます。

2 杖とよいほうの足に体重をかけ、マヒ側の足を前に振り出します。体はできるだけまっすぐに。

3 よいほうの足を前に出します。この足がマヒ側の後ろに着く「後型」、足がそろう「そろい型」、前に出る「前型」と、歩行が改善していきます。

第6章

知っておきたい観察法

保健婦
紅林みつ子
東京慈恵会医科大学医学部
看護学科講師
櫻井尚子
（文責：編集部）

- 体温の測り方
- 脈拍と呼吸数の数え方
- 血圧の測り方
- 日常の観察ポイント

体温の測り方

お年寄りは平熱が低め。日ごろの体温を知ることが大切

お年寄りの体温は、若い人より低いことが多いようです。37度でも、平熱が低いお年寄りにとっては高熱と考えられる場合があります。正しく体温を測る習慣をつけ、お年寄りの平熱を知っておくことが大切です。

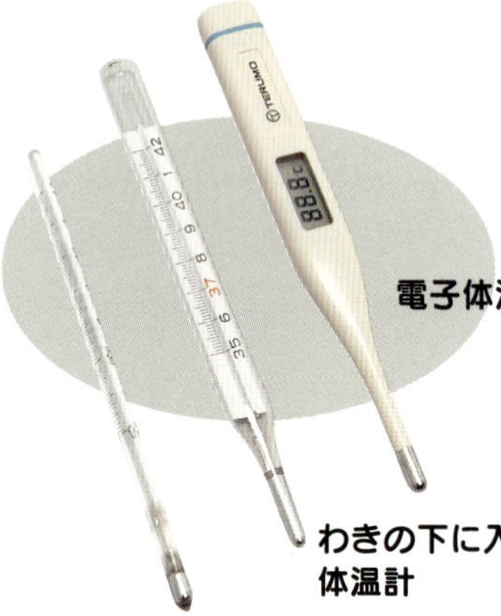

電子体温計

わきの下に入れる体温計

直腸に入れる体温計

体温計のいろいろ

体温計には、水銀体温計と電子体温計があります。水銀式は、わきの下で測るものと、口の中で測るもの、そのほか肛門で測るものもあります。
正しい方法で測ることが大切です。

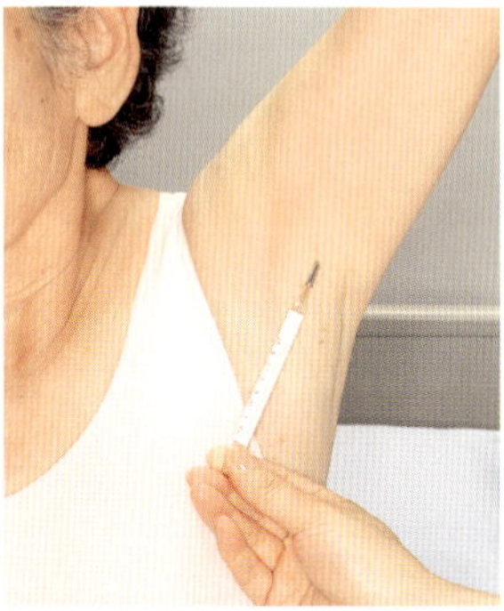

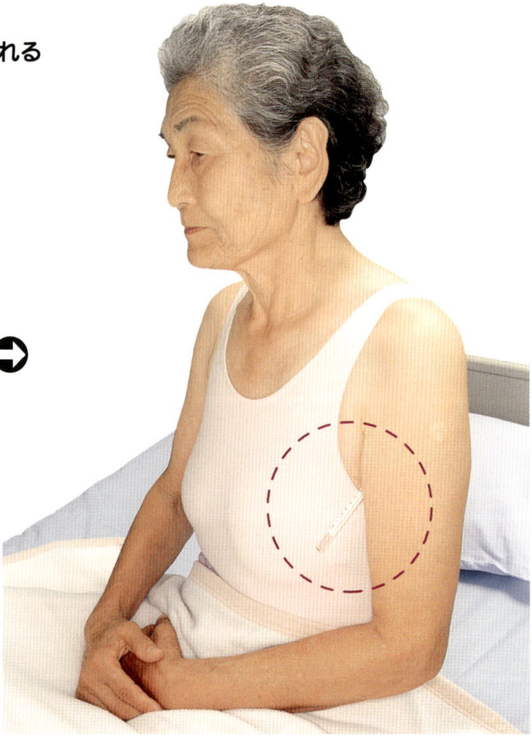

わきの下への当て方

体温計は写真のような向きで、わきの下のくぼみの深い部分に当て、10分間入れておきます。

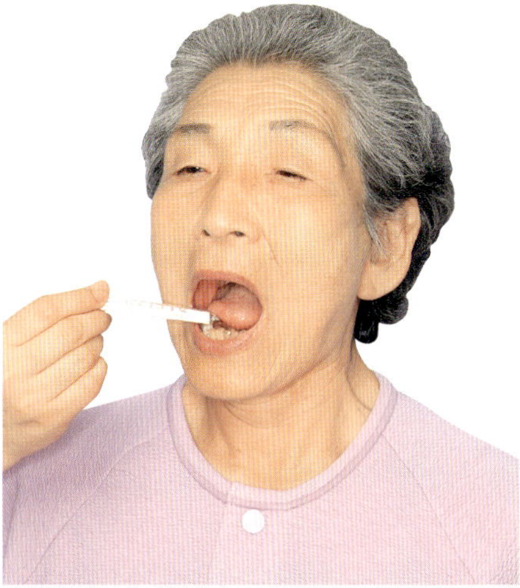

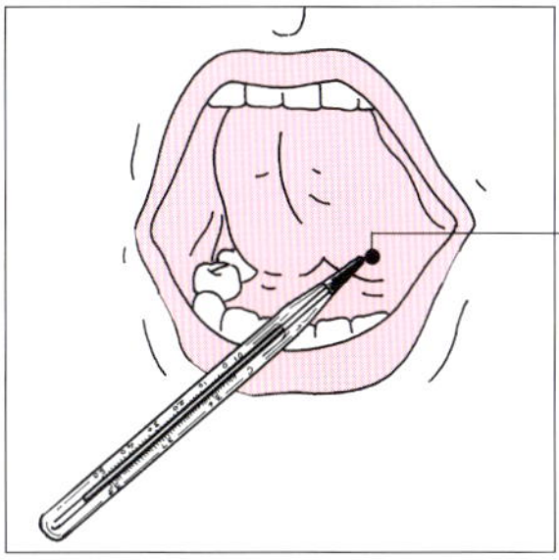
30～40度
の角度で、
舌の裏側
の付け根
の部分に
当てます。

口に入れて測る場合は

口に入れて測る場合は、舌の裏側の付け根まで入れ、5分間口を閉じて、話すことも控えます。

体温を測る時に、気をつけたいこと

●**わきの下で測る場合**

わきの下のくぼみの最も深い部分は、わきの下で温度がいちばん高いところ。体温計の先が空気に触れないよう、わきをしめて、動かさないようにします。汗をかいていたら、ふいてから当てます。
マヒがある場合は、マヒ側は避け、健康な側で測ります。

●**口の中で測る場合**

口の中では、舌の裏側の付け根の部分が最も体温が高いところです。冷たい物、熱い物を飲んだり食べたりした後は、温度が変わるので30分以上たってから測ります。
意識がない人や、はっきりしない人の場合は、口の中での検温は控えます。

脈拍と呼吸数の数え方

脈拍と呼吸は、併せて観察します

お年寄りの体調を観察するには、体温のほか、脈拍と呼吸数を観察する習慣をつけると役立ちます。呼吸数は、測られていることを意識すると結果が変わるので、脈拍を測った状態のまま観察します。

脈拍の数え方

写真のように指を並べて置くと、拍動を感じます。大人の脈拍数は1分間に60〜80。

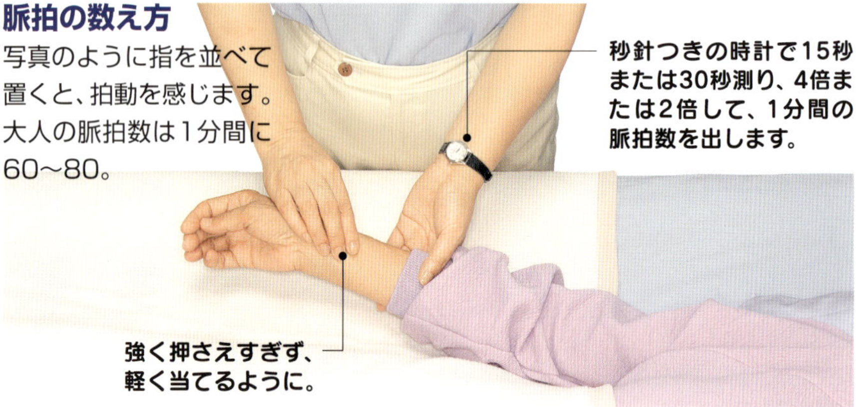

秒針つきの時計で15秒または30秒測り、4倍または2倍して、1分間の脈拍数を出します。

強く押さえすぎず、軽く当てるように。

呼吸数の観察方法

脈拍数を測り終わったら、そのまま胸の上下を数え、呼吸数を観察します。大人・老人は1分間に14〜20です。

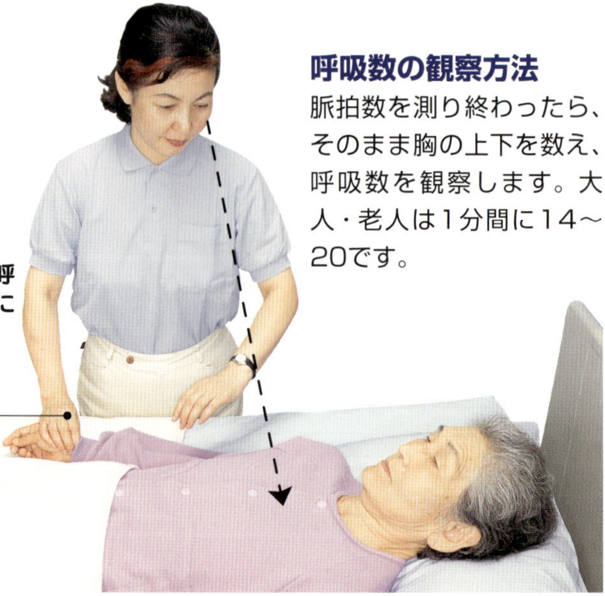

脈に手を当てたまま、呼吸を数えるとお年寄りに意識させません。

血圧の測り方

自宅での血圧測定は、健康管理の強い味方

自宅で血圧が正しく測れると、受診の際の資料として、また日ごろの健康管理に、たいへん役立ちます。かかりつけの医師や看護婦に相談し、指導を受けてみてはいかがでしょう。

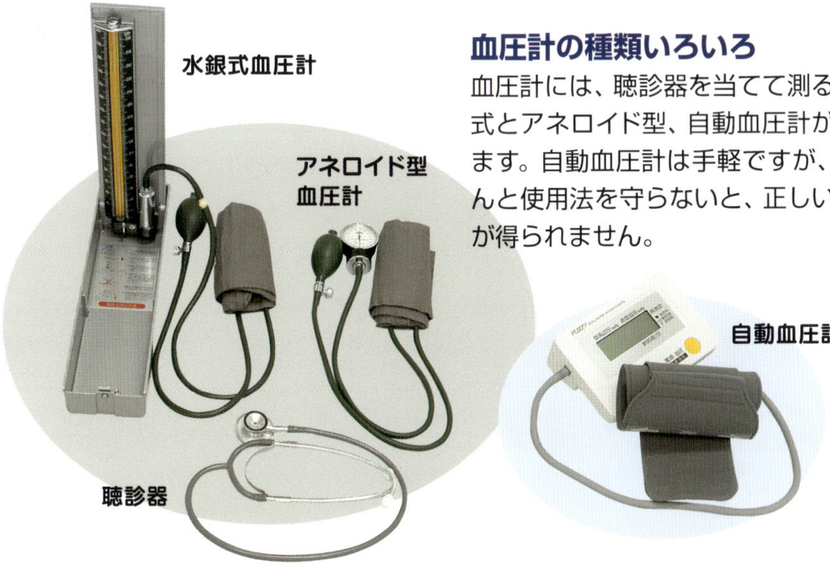
水銀式血圧計
アネロイド型
血圧計
聴診器
自動血圧計

血圧計の種類いろいろ

血圧計には、聴診器を当てて測る水銀式とアネロイド型、自動血圧計があります。自動血圧計は手軽ですが、きちんと使用法を守らないと、正しい数値が得られません。

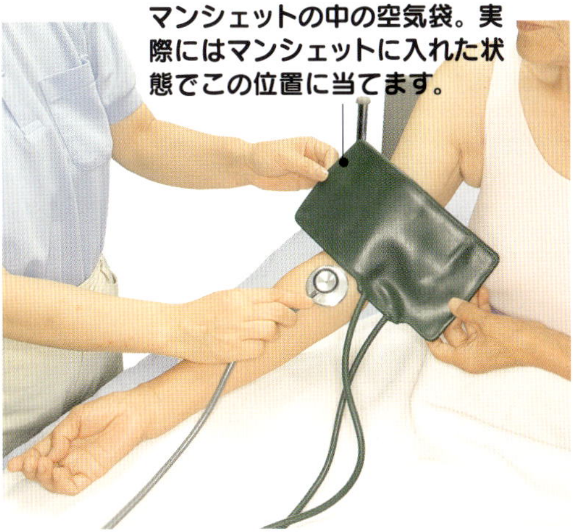
マンシェットの中の空気袋。実際にはマンシェットに入れた状態でこの位置に当てます。

帯を正しく当てるには

血圧計の帯(マンシェット)の中にある空気袋の中央を、上腕動脈のある位置に当てます。

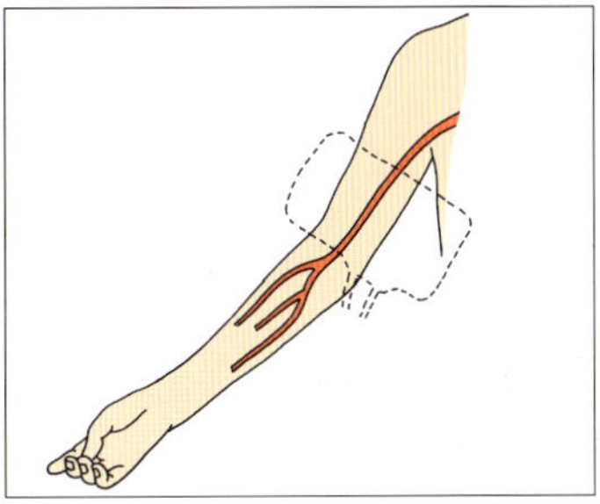

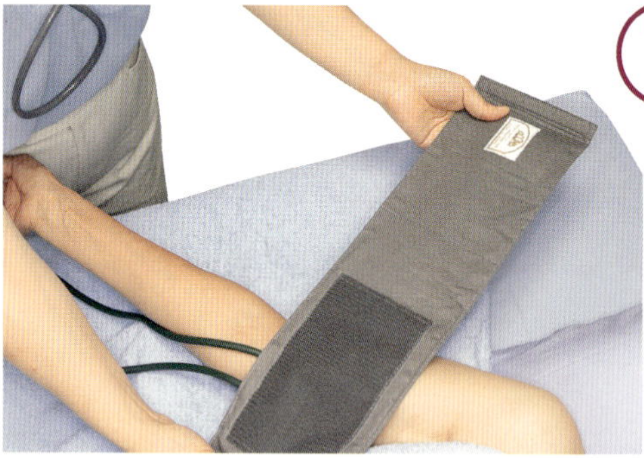

1

マンシェットはそでをまくりあげ、肌に直接当てます。座位でも、あお向けでも、測定の位置を心臓と同じ高さにして行います。

2

マンシェットは、ひじから2～5㎝上に巻きます。ゆるすぎず、きつすぎず、人差し指1本が入る程度に巻き付けます。

人差し指1本が入る程度の巻き付け方。

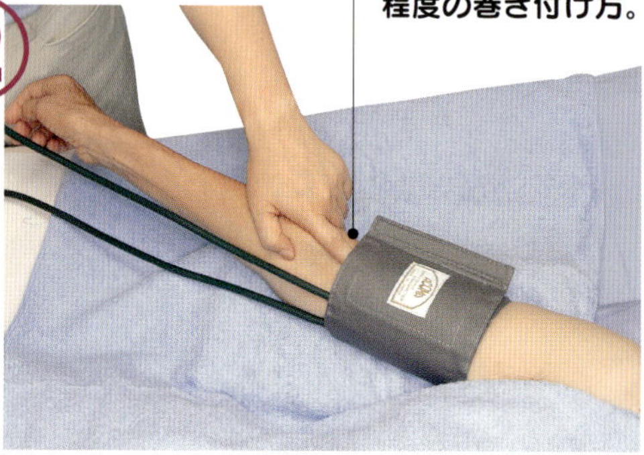

聴診器は、動脈の拍動が触れるところに当てます。

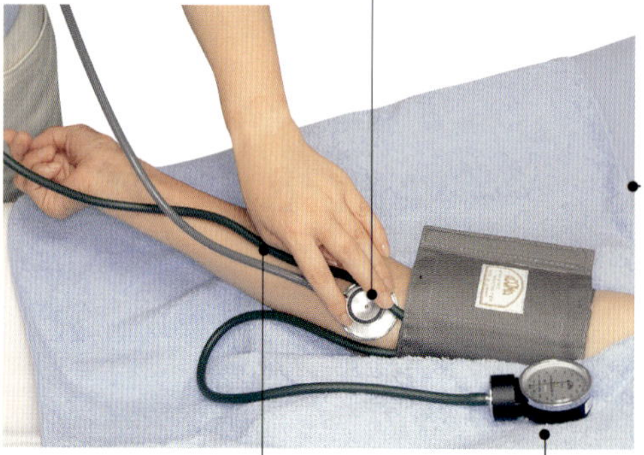

ゴム球を押して、マンシェットに空気を送ります。

血圧を表示します。

3

マンシェットに空気を送って血流を止め、徐々に空気を抜いて血流再開時（音が発生）が最高血圧。音が消えた時が最低血圧です。

聴診器を当てる位置は、ひじの中央に指をそろえて当ててさがすと、わかりやすいものです。

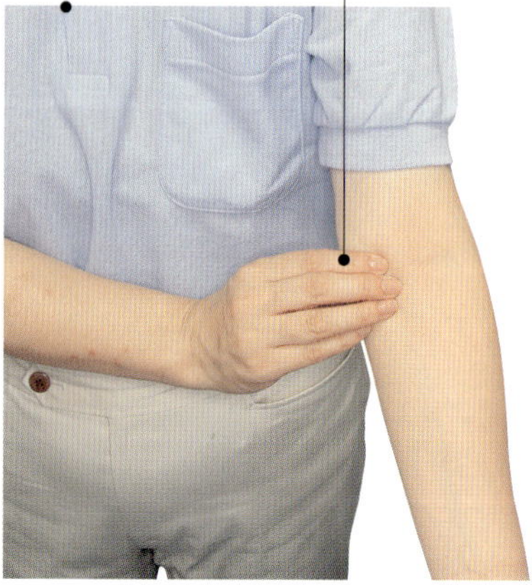

日常の観察ポイント

少しの体調の変化が、重病につながることが…

お年寄りの病気は、症状がはっきりと出なかったり、少しの体調の変化が急変するなどの場合があります。日ごろからお年寄りの状態をわかっている人がチェックし、「変だな」と思ったら医師に相談することが大切です。

顔色はどうですか？
むくみ・しびれ・痛みは？

顔色がいつもより赤い、青白い、黄色いなどの変化は、体調の異変を示しています。むくみ、しびれ、痛みも病気と関連があるので、医師に相談してください。

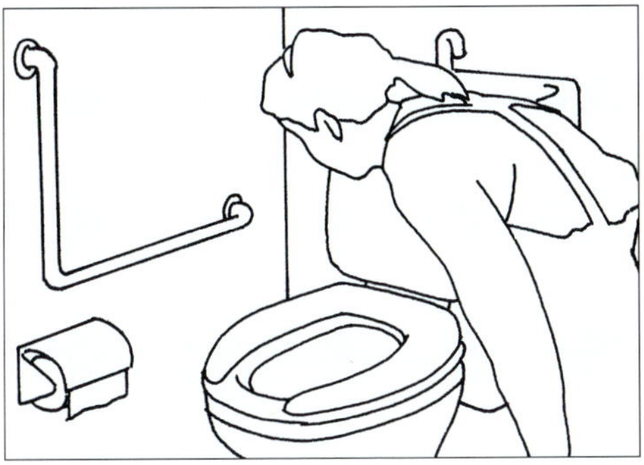

トイレの回数は？
量や色も観察してください

尿や便の回数、尿の量や色など、排泄の状態はその人の体調と関係しています。気になる場合は、医師や看護婦に相談を。

生活リズムは？
夜は眠れていますか？

昼間の活動量が少ないと、夜眠れず、日中ウトウトするといった悪循環に陥りがち。日課にそって生活すると、お年寄りにはりとリズムが出ます。

目は見えていますか？
耳は聞こえていますか？

お年寄りが錯覚を起こしたり、受け答えがトンチンカンだと、周囲の者はボケを心配しがち。
視力や聴力の低下が原因になっていることも多いのです。変だなと思ったら、検査を受けてください。

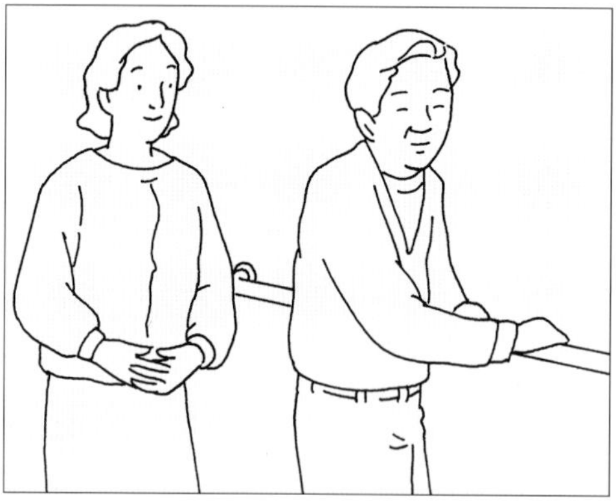

動作や足の運びは？
寝返りはうてますか？

体の動きや足の運びがいつもと違っていたり、寝返りがうてるはずなのに、いつも同じ向きに寝ているなどの観察が、病気の発見につながることがあります。
お年寄りのふだんの様子を知っている人が、いちばんの観察者です。

元気がない時、
落ち着かない時は注意

いつもよくしゃべるのに無口だったり、反対に静かな人が落ち着かなかったり。
いつもと様子が違う場合は、体調の変化がないか注意して見守ります。「いつもと違う」が、観察のポイントです。

第7章

聖路加国際病院
理事長・名誉院長
日野原重明

老人症候群

- 老人性痴呆
- 転倒と骨折
- 失禁（おもらし）
- 老人の脱水
- 老人の風邪と発熱

老人症候群とは

人は65歳以上の老人になると、体が老化し、内臓の働きも少しずつ低下します。しかし、老人が日常生活の中で、過度の労働をするとか、過酷に頭脳を使うことがなければ、80歳代になるまでは自立でき、健やかな生活を続けられます。

老人は若い人に比べると、体力が下がっていることのほかに、生活上、自立できなくなったり、事故のために手足が不自由になったり、排尿が困難になったりすることがよくあります。

◉

その中でいちばん警戒すべき「老人症候群」として、次の3つのことがあげられます。

(1) 老人性痴呆

(2) 転倒と骨折

(3) 尿の失禁(尿のおもらし)

そのほかに、老人は子供同様に、

(4) 脱水を起こしやすい

(5) 風邪をひきやすい

など、いろいろの原因で発熱を招きやすいのです。

◉

以上の老人が起こしやすい病気や事故、かかりやすい病的な事柄について、具体的に説明しようと思います。

老人性痴呆

痴呆はもの忘れがひどく、社会生活が困難な状態

老人になると脳がぼける状態、すなわち老人性痴呆となる頻度が加齢とともに増してきます。

この痴呆というのは、ただもの忘れをしやすくなることを言うのでなく、もの忘れがひどく、相手がだれかさえを認識できなくなって、社会的生活をすることが困難になる状態を言います。

もの忘れと言っても、1度聞いた人の名前を思い出せないとか、1週間前に友人と約束したことをど忘れするといった、単なる健忘症（もの忘れ）でなく、1時間前に朝食をとったことを忘れて、今日の朝食はまだかと家人に言うようになると、それは病的な痴呆です。

普通なら忘れることが絶対にないことを忘れるといったことは明らかに異常なことです。

また、今まで付き合った親しい人に会った時、その人の名前が出てこないといった程度のことでなく、その人がだれかがまったく認識されなくなり、自分の夫に対して「あなたはだれですか」など、意外な質問をするというのは相当進行した痴呆です。

徘徊や妄想など、異常な行動や症状が出ます

痴呆になると、買い物をした時に、お金の計算がわからないという計算力の低下も起こります。そのほか、近くに外出しても家に帰る道がわからなくなって迷子になるとか、自分の年齢を正しく言えなかったり、自分の名前が書けなかったり、自分の生年月日が言えなくなります。

また、痴呆が進むと夜間にでも家から外に出て、ふらふら歩き回って、放っておけばどこに行くかわからないような行動をします。それも痴呆によるもので、徘徊と言います。

そのほか、トイレに行って排便することを忘れて、家の中のところかまわず排便したりするなどのことが、痴呆が進行すると起こります。

また、いろいろの妄想が起こり、部屋の中に閉じこもったり、大声で助けを求めたりもします。

痴呆の進行度を評価する方法

この痴呆の程度を検査して、痴呆の進行度を評価する方法がいろいろありますが、最も簡単なものとして、p.112に紹介する長谷川式簡易知能評価スケールがあります。

この表で計算した総合点が30点満点のところ、20点以下になると痴呆が疑われ、10点以下だと高度の痴呆ということになります。

病的な痴呆というのは、記憶障害のほかに、物をどこかに置き忘れたのをだれかが盗んだと言ったり、持ち物にすべて鍵をかけたりするといった非常識な発言や行動を起こします。

妄想が起こると、当人も妄想に悩まされ、家庭生活や周囲の人々と交際も続けられない状態になります。

痴呆は、大きく2つの型に分けられます

老人に起こる以上の痴呆は、大きく分けると次の型があります。

(1) 脳血管性痴呆

(2) アルツハイマー型痴呆

第1の脳血管性痴呆は、脳出血(高血圧)や脳梗塞(脳の動脈の動脈硬化による血管内腔の閉塞)に続いて起こるものです。脳に血液が行かなくなって、局部の脳細胞が死んでしまうために、その結果として痴呆になります。

これは西欧人に比べ、脳血管損傷の多い日本人に比較的多く見られるものです。

年をとっても、血管の動脈硬化が進まないようにするには、(1)高血圧、(2)糖尿病、(3)高コレステロール血などを避ける、または動脈硬化の進行を抑えるような食生活にすべきです。

(1)タバコ、(2)ストレス、(3)運動不足、(4)肥満、などの動脈硬化をうながす危険因子を日常生活の中で避けることが痴呆の予防になります。

第2の型のアルツハイマー型痴呆は、原因はまだハッキリしないものです。これは、50～60歳からでも時に起こりますが、多くは80歳以上の老人に見られます。

痴呆の2つのタイプ

痴呆の型	脳血管性痴呆	アルツハイマー型痴呆
原　因	脳出血や脳梗塞による脳の血流障害	原因は不明
予防のポイント	●高血圧・糖尿病・高脂血症を避け、血管の動脈硬化を予防する。 ●タバコ・ストレス・運動不足・肥満を避ける。	予防法は確立していないが、次のことを避けたほうがよい。 ●気を失うほどに頭を打つ。 ●休日など寝て暮らす。 ●無趣味で、老後何もしない。 ●若い時から運動をしない。

21世紀には、痴呆老人は約200万人

両方の型の痴呆を合わせて、日本の老人の場合、80歳以上の20%に痴呆が見られます。

日本での老人性痴呆の将来推計数は、2000年の統計では160万人と言われますが、あと15年もたつと(2015年)、老人人口が増えるために、262万人にも増加すると推測されます。

アルツハイマー型痴呆の予防法はまだ確立していませんが、次の事柄が痴呆症に関連を持ちそうで、そのようなことにならないように気をつけたほうがよいと言われます。

(1) 気を失うほどに頭を打つ。
(2) 休日など、寝て暮らす。
(3) 無趣味で、老後何もしない。
(4) 若い時から運動をしない。

痴呆の人も、昔の記憶は保たれています

痴呆になった老人に対して、周囲の人の応対が悪いと痴呆は進行します。また、老人施設に入所している時も、介護する側の人は次のことに留意することが大切です。

アルツハイマー病の人は、初期のものは、最近の記憶はひどく低下していても、昔のことを回顧できる長期的記憶はかなり保たれていて、介

痴呆老人(日本の場合)

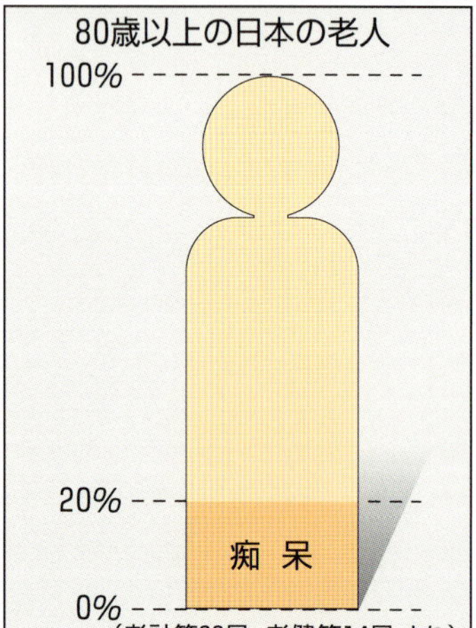
80歳以上の日本の老人
100%
20%
0%
痴 呆

(老計第29号, 老健第14号 より)

痴呆老人の将来推計

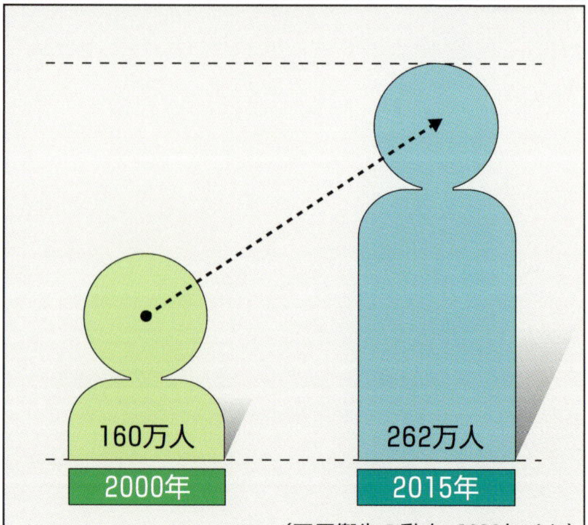
160万人
262万人
2000年
2015年

(国民衛生の動向, 1999年 より)

護する人が昔の話を聞いてあげると、当人は非常に喜び、病人と介護人との人間関係がよくなります。

音楽家であった人は、計算力が低下し、普通の記憶力がひどく低下していても、昔歌った歌曲を調子を外さずに、しかも原語などで歌う能力が維持されていることが多いようです。

軽べつする気持ちがあると相手の敵意を招きます

痴呆の患者は、今までと生活している環境が急に変わるとそれに適応することが困難になり、不安となります。家は引っ越して変わっても、部屋の中の家具は古いものを使うとか、施設に入居しても、家人がそばにいてあげて介護を続けるといった人的環境が保たれるようにすべきです。

痴呆の患者でも愛情は衰えず、気の合った人と気の合わない人を区別することが多いのです。バカだといって軽べつする気持ちがあると、患者は敵意を感じます。

いつもその人の人格を尊重してケアをすること、気持ちよい笑顔で話し、当人がやりたいことをむやみに抑制すべきではありません。

改訂長谷川式簡易知能評価スケール

No.	質問内容		配点	記入
1	**お歳はいくつですか?** 2年までの誤差は正解。		0 1	
2	**今日は何年の何月何日ですか? 何曜日ですか?** 年、月、日、曜日が正解でそれぞれ1点ずつ。	年	0 1	
		月	0 1	
		日	0 1	
		曜日	0 1	
3	**私達が今いるところはどこですか?** 自発的に出れば2点、5秒おいて、家ですか? 病院ですか? 施設ですか? の中から正しい選択をすれば1点		0 1 2	
4	**これから言う3つの言葉を言ってみてください。あとでまた聞きますので、よく覚えておいてください。** 以下の系列のいずれか1つで、採用した系列に○印をつけておく。 1:a)桜 b)猫 c)電車　2:a)梅 b)犬 c)自動車		0 1	
			0 1	
			0 1	
5	**100から7を順番に引いてください。** 100−7は? それからまた7を引くと? と質問する。 最初の答えが不正解の場合、打ち切る。	93	0 1	
		86	0 1	
6	**私がこれから言う数字を逆から言ってください。(6-8-2、3-5-2-9)** 3桁逆唱に失敗したら打ち切る。	2-8-6	0 1	
		9-2-5-3	0 1	
7	**先ほど覚えてもらった言葉をもう一度言ってみてください。** 自発的に回答があれば各2点、もし回答がない場合、以下のヒントを与え正解であれば1点。 a)植物 b)動物 c)乗り物		a:0 1 2	
			b:0 1 2	
			c:0 1 2	
8	**これから5つの品物を見せます。それを隠しますので何があったか言ってください。** 時計、鍵、タバコ、ペン、硬貨など必ず相互に無関係なもの。		0 1 2 3 4 5	
9	**知っている野菜の名前をできるだけ多く言ってください。** 答えた野菜の名前を右欄に記入する。途中で詰まり、約10秒待っても出ない場合にはそこで打ち切る。 5個までは0点、6個=1点、7個=2点、8個=3点、9個=4点、10個=5点		0 1 2 3 4 5	

満点:30　20点以下は痴呆、21点以上は非痴呆　　**合計得点**

実施にあたっての注意と判定方法

問題1 「年齢」

満年齢が正確に言えれば1点を与える。

問題2 「日時の見当識」

年・月・日・曜日それぞれの正答に対して各1点を与える。

問題3 「場所の見当識」

被検者が自発的に答えられれば2点を与える。病院名や施設名、住所などは言えなくてもよく、現在いる場所がどういう場所なのかが答えられればよい。正答が出なかった場合、「ここは病院ですか？　家ですか？　それとも施設ですか？」と問い、正しく選択できれば1点を与える。

問題4 「3つの言葉の記銘」

使用する言葉は2系列あるため、いずれか1つの系列を選択して使用する。3つの言葉を言い終わってから復唱してもらい、1つの言葉に対して各1点を与える。もし正解が出ない場合、正答の数を採点した後に正しい答えを教え、覚えてもらう。

問題5 「計算」

100から順に7を引かせる問題。「93から7を引くと？」というように、検査者が最初の引き算の答えを繰り返して言ってはならない。各正答に対して1点を与えるが、最初の引き算の答えが誤りであった場合にはそこで中止し、次の問題へ進む。

問題6 「数字の逆唱」

数字はゆっくり間隔をおいて提示し、言い終わったところで逆から言ってもらう。正解に対して各1点を与えるが、3桁の逆唱に失敗した場合には中止し、次の問題に進む。

問題7 「3つの言葉の想起」

3つの言葉の中で自発的に答えられたものに対しては各2点を与える。答えられない言葉があった場合には、少し間隔をおいてからヒントを与え、正解が言えれば1点を与える。ヒントは被検者の反応を見ながら1つずつ提示する。

問題8 「5つの物品記銘」

あらかじめ用意した相互に無関係な5つの物品を1つずつ名前を言いながら並べて見せ、物品名を想起させる。各正答に対してそれぞれ1点を与える。

問題9 「野菜の名前・言語の流暢さ」

「知っている野菜の名前をできるだけたくさん言ってみてください」と教示する。途中で言葉に詰まり、約10秒程度待っても次の野菜の名前が出てこない場合にはそこで打ち切る。採点は5個までは0点であり、以後6個＝1点、7個＝2点、8個＝3点、9個＝4点、10個＝5点、となる。

改訂長谷川式簡易知能評価スケールの最高得点は30点である。20点以下を痴呆、21点以上を非痴呆とした場合に最も高い弁別性を示す。

（日本医師会雑誌　第111巻・第9号より）

転倒と骨折

老人は転倒しやすく、たやすく骨折します

老人は若い者に比べ、つまずいたり、滑ったり、階段を踏み違えたりして転倒しやすく、その際に骨折を起こしたり、頭蓋内出血さえ起こすことがあります。

高齢者の転倒には、3つの原因があります。

(1) 足の老化。これは、筋力の衰えととっさの時の反応性低下の両面があります。

(2) 視力の低下のために段差が見分けられず、特に暗い所ではつまずきやすくなります。

(3) 内服している薬の副作用のため。血圧降下薬や睡眠薬、精神安定薬、鎮痛薬、そのほか狭心症患者へのニトログリセリンなどの服用時にはふらつきを起こします。

老人の転倒の9割は、つまずくか滑るかで起こります。事故を起こす場所は家の中では玄関・階段・台所の順、外は歩道・階段の順です。

ベッドからの転倒に注意

米国人は日本人よりも転倒が多く、それに続く骨折が多いことが、日

転倒を防ぐ工夫
スリッパは滑りやすいので、足に適した滑らない靴下やはきものをはき、両手に荷物を持たずに、両手をなるべく自由にしておくこと。
住居の段差をなくすこと。
暗い所(階段やトイレ、裏口)の電灯を明るくすること。
浴室や階段には、必ず手すりをつけること。

米比較研究で明らかになりました。

米国人に転倒の多い原因のひとつは、米国人の下肢の四頭筋の強さの低下があります。日本人は、排便時にしゃがむ習慣があり、畳の生活が多いので、四頭筋は比較的強く保たれていたことが日米差を招いています。

入院患者や家庭内で洋式ベッドを使用している人が、夜中など起きあがろうとして滑って転倒することがあります。その点、畳に布団を敷いている場合の転倒は少ないわけですが、反面、畳の上に万年床を敷いていると寝たきりになりやすいのです。

骨がもろくなる原因は骨粗鬆症《こつそしょうしょう》

若い者は、転倒しても骨折を起こすことは少ないですが、老人は転倒により骨折することが多いのです。骨のもろくなる原因としては、以下のことがあげられます。

(1) 女性は閉経期を境に、男性は70歳を過ぎると骨量が減り、骨は弱くもろくなり、骨粗鬆症《こつそしょうしょう》と診断されます。

(2) 老人は運動したり、重い荷物を提げて歩くことが少ないのです。宇宙飛行士も、宇宙には重力がないので、手足の運動のエネルギーを要しません。寝たきり老人や宇宙飛行士は、骨の中のCaイオンが血中に溶けて流れて、尿中に排泄されます。そのため骨粗鬆症を起こして、骨折を起こしやすくなります。骨がもろくなると畳の上で倒れても、骨折が起こります。

現在、骨粗鬆症の有無やその診断は計器により容易に測定できますので、老人の健康評価上骨密度測定は必ず受けることをお勧めします。

骨折による安静は寝たきりにつながります

骨折をすると、ギプスをつけられたり、骨折したほうの手足を牽引して何日も安静を強いられます。骨折の整形外科的手術後、安静期間が長いと、寝たきりが長く、その安静のために骨粗鬆症を起こして、骨折を起こしやすくなります。

また、全身麻酔のかかった手術後、長く集中監視室（ICU）に入れられたり、面会謝絶が長く続くと、外からの脳への刺激がないために、老人の体も頭も使わない廃用症候群として、脳がぼけたり、また骨の密度が下がり、少しの外力でも骨折を起こしやすくなります。

そのことを介護人はよく心得て、患者を絶対安静、または寝たきりにさせないよう看護することが大切です。

老人に多い骨折を知って予防したいもの

(1) 大腿骨頸部骨折

大腿の付け根近く、大腿骨の骨頭のすぐ下の頸部といわれる細い部分が骨折しやすいのです。これに対して、人工骨頭を差し替える手術（人工骨頭置換術）がよく行われます。

普通、術後1週間以内に歩行訓練を始めます。車いすに乗り移る時は、またを少し開きぎみで乗り移らせるのが安全です。

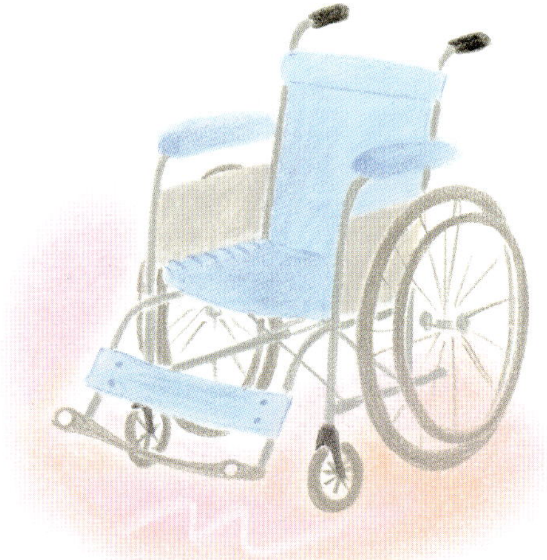

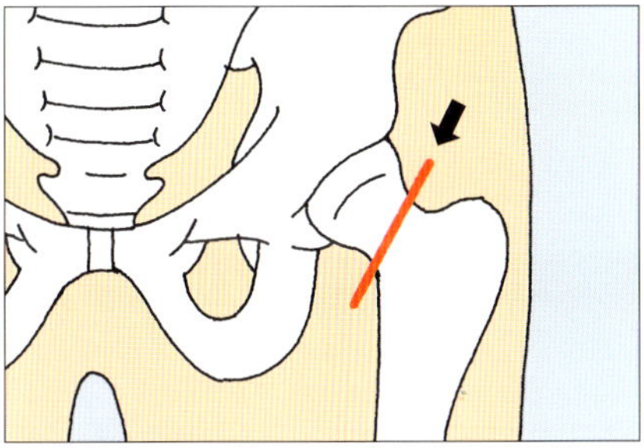

大腿骨頸部骨折

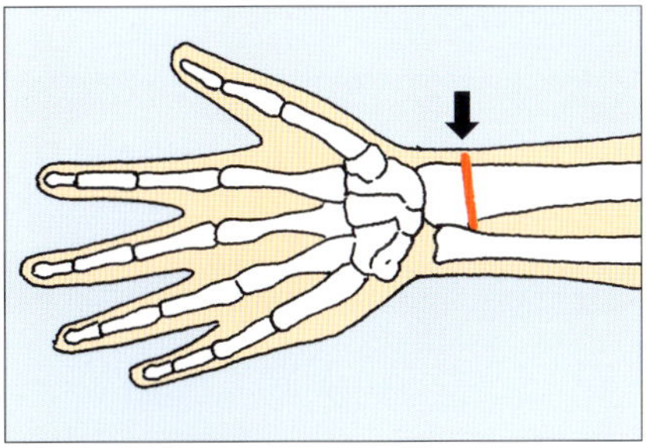

橈骨遠位端骨折

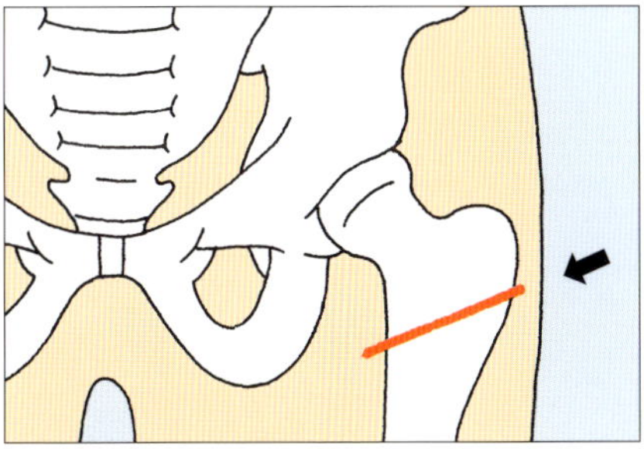

大腿骨転子部骨折

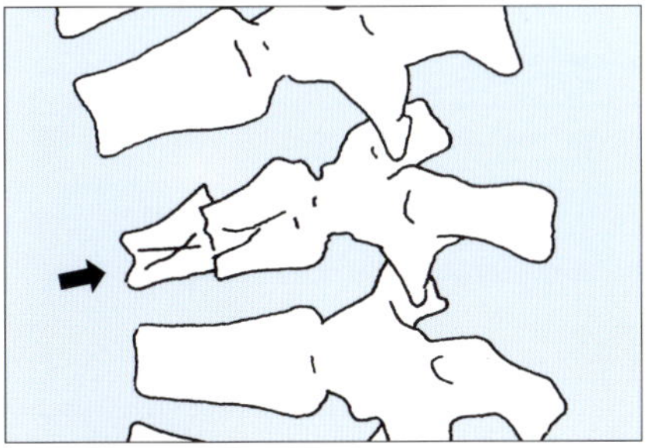

脊椎椎体骨折

(2) 大腿骨転子部骨折

大腿骨の頸部よりもっと下の転子部の骨折を起こした際の治療は、すぐ下肢を牽引し、ばんそうこう・弾力包帯を用いて皮膚牽引を行うか、骨に金属棒を通して直達牽引を行うかの2方法があります。しかし、2〜3週間後に歩行訓練が行えます。

(3) 橈骨《とうこつ》遠位端骨折

手をついて倒れる時によく起こる骨折です。これには、ギプス固定を1か月間行います。

(4) 脊椎椎体骨折

高い所から落ちたためや、そのような特殊なけががなくても、背骨をつくる椎骨が一部または全部ペシャンコにつぶれるという骨折です。これには普通手術を行わず、2〜3週の安静で背中や腰の痛みが軽くなります。この骨折が、2〜3の椎骨で同時に起きると、背中が丸くなります。

十分にカルシウムとビタミンDをとり、よく歩くことや軽い運動をすること、女性ではビタミンD剤を内服することで、骨粗鬆症の予防または悪化が止められます。

失禁《しっきん》(おもらし)

下着の交換が必要な尿もれ状態

先に述べましたように、老人に多い3つの症候群のひとつが、失禁です。

失禁という言葉は、医学上長く使われてきた表現ですが、これは一般の方々に理解しにくく、むしろ、「尿もれ」または「おもらし」と言ったほうがわかりやすいのです。

「尿もれ」とは、尿が出るのを自分の努力で止められない、または、尿が出てしまってからやっとこれを気づくといった内容のものです。

別の言い方をすれば、「下着の交換が必要な程度の尿もれ状態」と言うことができます。

尿もれは、若い人にも案外多いのですが、老年期になると、これが男女ともに増してきます。それを全部病的だとは言い切れません。

尿もれは、20年近く前までは一般の人も、また医師も、これを異常とせず、医学的治療の対象とは考えませんでした。

65歳以上の女性では15〜20%が

この尿もれにはいろいろの原因があり、治療できるものが多いのです。

65歳以上の人で、普通の社会的生活をしている人について調べますと、尿もれのために下着の交換が必要となる人が男性はその約7%、女性は15~20%いると言われます。

尿もれは子供(おねしょ)によく見られ、また女性に多く、18~19歳でも8%くらい見られます。それ以上の年齢の女性ではもっと増え、経産婦のほうが未産婦より多いようです。

老人の尿もれについては、65~80

尿もれのため下着の交換が必要

(65歳以上)

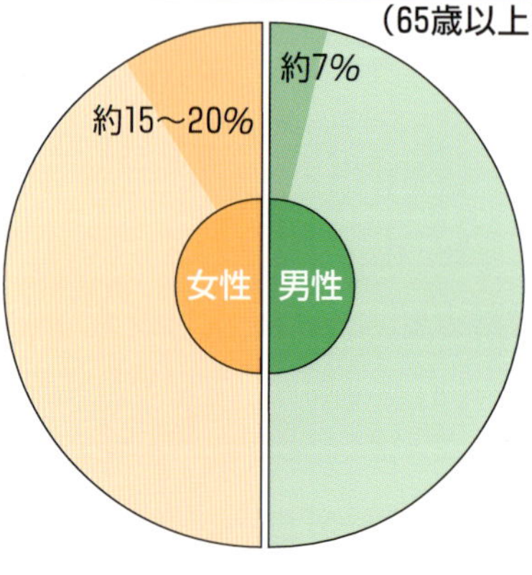

歳代の人は40~50歳代とあまり差がありませんが、80歳を過ぎると、ずっと増えてきます。

間に合わない。腹圧で。前立腺肥大症で

多くの方は高齢になると、尿意が起こった時に、膀胱の収縮を一時抑える命令が大脳から脳の下位にある延髄の中枢に十分伝わらなくなります。そのため、老人が尿意を感じた時には、尿の出るのが止められなくなります。そこで、トイレに行くまでもたず、尿をもらしてしまうのです。これを切迫性尿失禁と呼んでいます。

また、せきをしたり、テニスをする時などお腹に力が入った時に、尿がもれるという失禁があります。これは腹圧性尿失禁と言います。

男性では前立腺肥大がひどくて排尿ができず、満杯になった膀胱から尿が少しずつじわじわもれるということもあります。

以上のような訴えのあるこれらの人には、専門医の診察を受けて、よい手当てを考えてもらうことを勧めます。

老人の寝室にはトイレを

老人の寝室にトイレがあると、夜間でも日中でも尿意を感じた時にすぐそこに行って排尿できるので、老人が尿もれや大便をそそうして下着を汚し、自尊心を失うことが防がれます。

頻尿のある老人は、夜間はベッドのそばに「しびん」を置いておくことも、夜間尿の多い老人にはよいと思います。尿もれのある老人はぜひ、医師か看護婦に相談してください。

老人の脱水

脱水は体内の水分が10%以上減った状態

人の体重の約65%は水分で、健康を保つには、この水分が必要です。

脱水というのは、体内の水分量が10%以上も少なくなることで、小児や老人は、体内の不調や外気の温度の影響で、短時日のうちに体内の水分不足を起こすことがあります。

脱水すると、その失った水分の量だけ体重が減ります。

水が不足する脱水。塩が不足する脱水

脱水には2通りあって、ひとつは、体内から水分が不足する(口からの水分のとり方が少ないとか、発汗や下痢がひどいことによる)ために起こる脱水状態を水不足性(または一次性)脱水症と言います。

この時は血液中の水分も減るので、血液が濃縮され、赤血素量が増し、血中Na量が多くなり、血中尿素の濃度が濃くなります。また、尿比重が増します。

もうひとつの脱水症は、尿中へのNa量の排泄が多くなって低Na血を招き、そのために二次的に体内の水分が不足します。

これは副腎皮質からのホルモン分泌が減る病気とか、腎臓から高度にNaが尿中に失われる特殊な病気によって引き起こされます(二次性Na喪失性脱水症)。

この時は、水分を補給する前に、食塩を補給する必要があり、医師の命によって副腎皮質ホルモンが処方されます。

第3の脱水は、水とNaとが同時に失われる混合性脱水症です。ひどい下痢(コレラ、そのほかの下痢や嘔吐による)のために水とNaとが同時に失われるので、その両方を補給する治療が必要です。

知っておきたい脱水の基礎知識

種　類	水不足性脱水症	二次性Na喪失性脱水症（Na不足性脱水症）	混合性脱水症
原　因	水分摂取の不足やひどい発汗・下痢などにより体内の水分が不足。	副腎皮質からのホルモン分泌が減る病気や腎臓から高度にNaが尿中に失われる特殊な病気により、体内からNaが失われた結果、脱水となる。	ひどい下痢などのため、水とNaが同時に失われる。
症状と治療	●のどの渇きを訴える。 ●十分に水を飲ませる。	●血圧低下がひどく、むかつきを訴える。 ●水分補給の前に食塩を補給。 ●医師の命により、副腎皮質ホルモンが処方される。	●水とNaの両方を補給する。

血圧低下、口の乾燥、むかつきに注意

脱水が起こると血圧が下がり、皮膚や舌が乾燥します。脱水の中でも水不足性脱水では患者さんはのどの乾きを訴えます。

Na不足性脱水症では、口の乾きはそれほど訴えませんが、血圧低下がひどく、患者はむかつきを訴えます。

汗が出る時は、十分に水分をとります

高熱のために汗がひどく出る時に、口から水分をとらないと、老人の場合にはよく、水不足性脱水が起こります。

普通の人では、水不足性脱水がありますと、尿の量が減って脱水が進行しないように体を守る自然の働きがあります。老人は体内に水分が不足しても、腎臓からある程度の尿が出ますので、脱水は進行し、体重はひどく減ります。

脱水のある時は、水不足性のものでは十分に水を飲ませ、嘔吐があれば輸液をします。予防としては、暑い所で発汗が多い時は、水分をいつも十分にとるようにすることが大切です。

老人の風邪と発熱

インフルエンザは老人の死因となることが…

老人は一般に体の抵抗力が低下していますので、細菌やウイルスの感染を受けやすく、風邪にもかかりやすくなります。部屋の中の温度が冬季に20℃以下だと寒さを感じますし、夏季には、冷房が効きすぎると寒く感じることがあります。

老人が皮膚の寒さを感じる時は、少し運動させるとか、静かにしている時は室温を調節すべきです。この温度調節がうまくいかず、そのような所でうたた寝をすると、すぐ風邪をひき、のどが痛くなり発熱します。

ただの風邪の時は、風邪薬でも飲み、室温を適温に保てば、熱もすぐに下がり回復します。

インフルエンザの流行している時に風邪をひいたら、実際はウイルスによりインフルエンザにかかっていることになります。風邪と考えず、すぐ医師の診察を受けてください。肺炎は高齢者には非常に危険で、死因となることがあります。

平素より1℃以上高い熱は、受診が必要

老人が発熱した時、上気道の感染の有無をまず考えますが、その老人の平素の体温（80歳代では平熱が35.5℃前後の人が多い）より何度高いかを医師に知らせるべきです。

平素の体温が35.5℃の老人は36.7℃は、1.2℃の上昇で、若い人の38℃に匹敵しますので、36.7℃でも当人には高熱だということになります。

老人の発熱がその人の基礎体温より1℃以上高くなる時に、その原因は風邪か上気道炎を考えるほか、体内のどこかに感染があると考えて受診し、診断を受けることが大切です。

上気道感染のほか、ばい菌が血中に入り、敗血症となる場合があります。また、男性では、尿路の感染や前立腺炎で発熱することがよくあります。これは内科医または泌尿器科医に相談すべきです。

原因不明とされる老人の発熱に、癌や白血病、膠原病によるものがあるので注意すべきです。

第8章

床ずれを予防するために

保健婦
紅林みつ子
東京慈恵会医科大学医学部
看護学科講師
櫻井尚子
（文責：編集部）

●床ずれの原因とできやすい部位
●床ずれは、予防が大切です
●床ずれができにくい体位
●清潔のお世話で床ずれ予防
●食事のお世話も大切です

床ずれの原因とできやすい部位

長時間同じ部分を圧迫することが原因に

床ずれ（褥瘡《じょくそう》）は、長時間同じ姿勢をとることで起こりやすくなります。同じ部分が圧迫されつづけて血液循環が悪くなり、まず皮膚が赤くなります。進行すると傷がだんだん深くなり、手当てにも回復にも時間がかかります。床ずれを予防するには、皮膚への圧迫や刺激を減らすこと、皮膚をいつも清潔にし、栄養状態をよくしておくことが大切です。

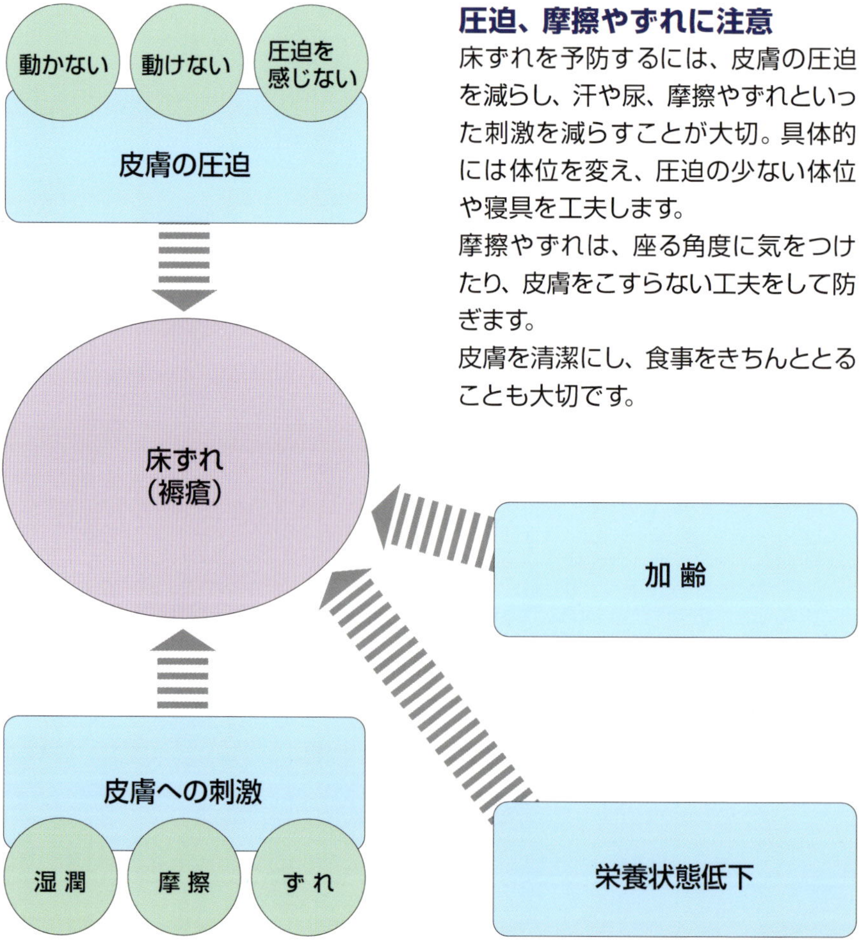

動かない
動けない
圧迫を感じない
皮膚の圧迫
床ずれ（褥瘡）
加齢
栄養状態低下
皮膚への刺激
湿潤
摩擦
ずれ

圧迫、摩擦やずれに注意

床ずれを予防するには、皮膚の圧迫を減らし、汗や尿、摩擦やずれといった刺激を減らすことが大切。具体的には体位を変え、圧迫の少ない体位や寝具を工夫します。

摩擦やずれは、座る角度に気をつけたり、皮膚をこすらない工夫をして防ぎます。

皮膚を清潔にし、食事をきちんととることも大切です。

床ずれができやすい部位

床ずれは、骨が突き出ていて体重のかかる部分にできやすいもの。あお向けで、横向きでと、姿勢によって骨が突き出たあらゆるところに、できる可能性があります。
皮膚が赤くなっているのを見つけたら、その部分の圧迫を取り除き、進行しないよう予防します。

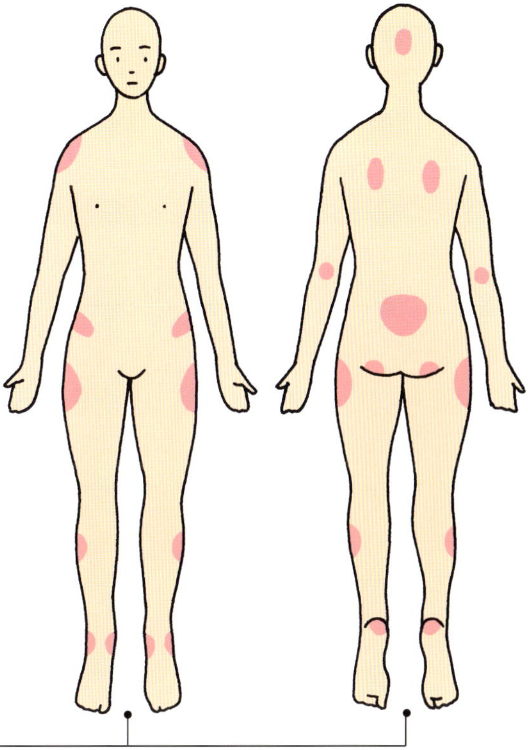

骨が突き出て体重のかかる部位は、どこにも床ずれができる可能性があります。

床ずれの進行度

Ⅰ度：皮膚が赤くなった状態です。
Ⅱ度：水泡やびらん、潰瘍ができます。
Ⅲ度：傷が皮下脂肪まで及びます。
Ⅳ度：傷が筋肉や骨にまで及びます。

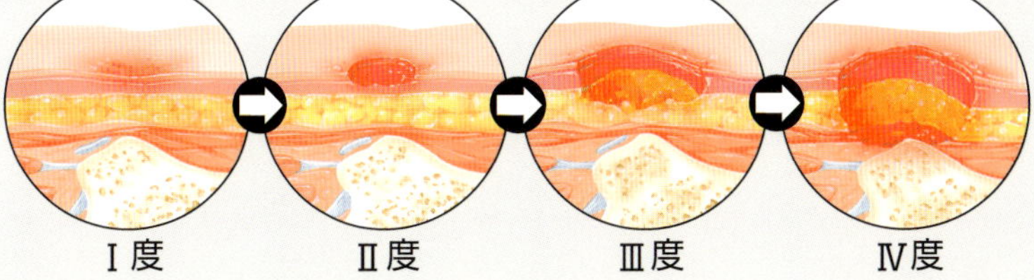

第⑧章

床ずれは、予防が大切です

体位を変えること、床ずれ予防用具を使うこと

床ずれを予防するには、車いすなども利用し、できるだけ寝たきりの生活にならないようにして、圧迫を減らします。起きられない場合は、エアマットレスなどを使い、寝具を圧迫の少ない物にします。

座位を生活に取り入れて

圧迫を減らして床ずれを予防するには、できるだけ寝たきりではなく、腰かけた姿勢を生活に取り入れます。
車いすの利用も長時間になると、おしりに床ずれができる場合があります。これは、体が前にずれる人に多く見られます。
腰かけて過ごす時も、時々、体の位置を調整することが大切です。

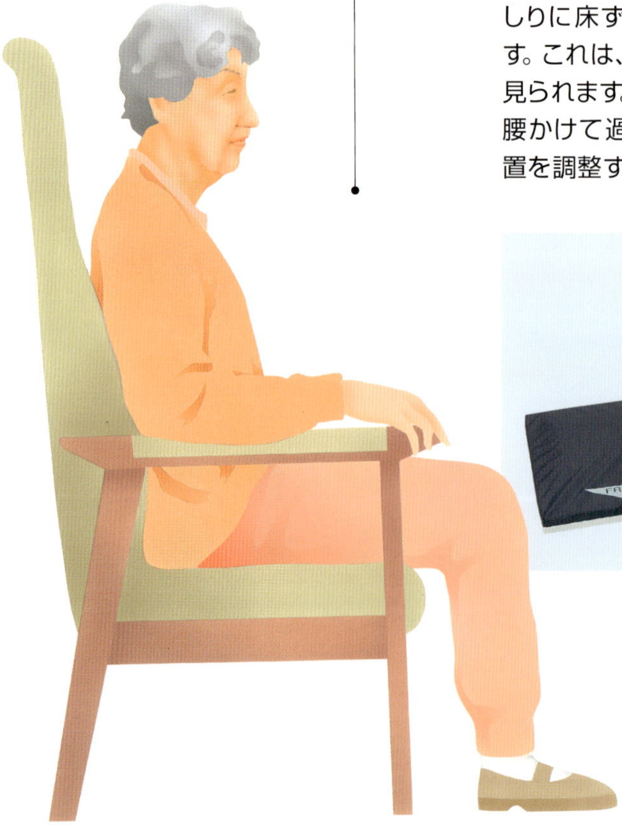

車いすを利用したり、腰かけて過ごす時間を作ります。

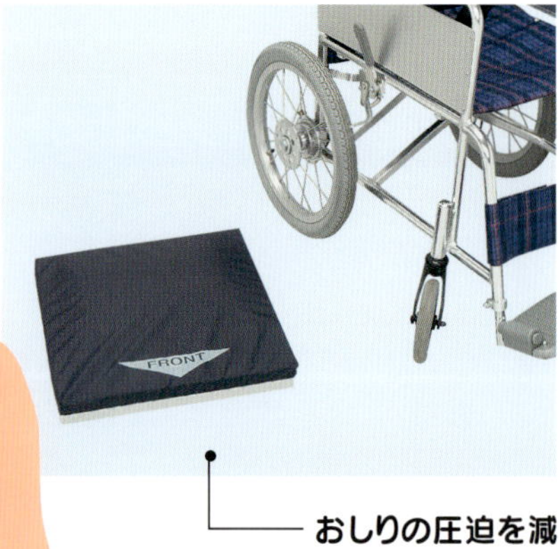

おしりの圧迫を減らす目的で、車いす用の座布団なども、市販されています。

エアマットレスは、空気量を調整

エアマットレスは、圧迫を減らす効果が高く、自力で体位を変えられない人に適した寝具です。
使用する時は、空気の量に注意。入れすぎるとパンパンに固くなり、かえって体を圧迫します。
空気が少なすぎると体が沈んで底につき、効果がなくなります。

エアマットレスの固さに注意。空気を入れすぎると固すぎて逆効果。少なすぎると体が浮かず、機能が発揮できません。

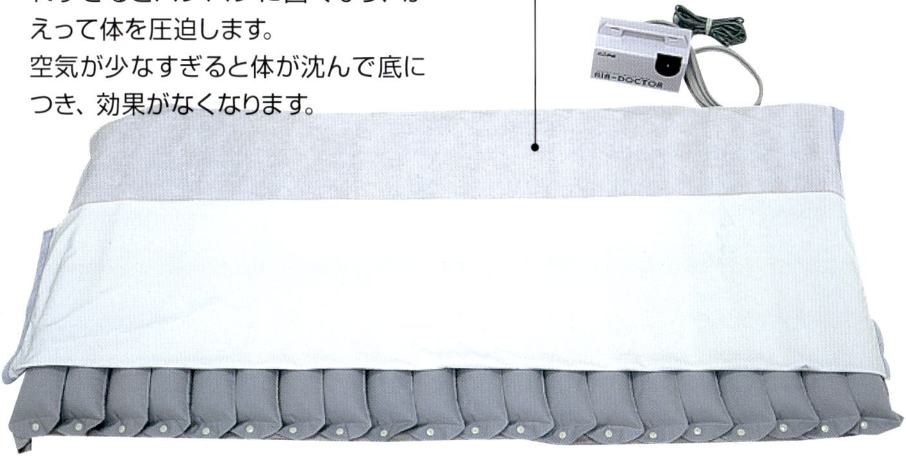

ビーズマット各種。
寝床の上にエアマットレスを敷くと同時に、さまざまな用具で、体位の工夫をしてください。

ムートン（羊皮）は、圧迫を減らす効果はそれほど高くありませんが、通気性がよく、感触も快適です。

床ずれができにくい体位

圧迫やずれの少ない体位とお世話

寝床で過ごす場合は、皮膚の圧迫や摩擦・ずれの少ない体位をとります。腰を30度程度斜めにした体位がよいと言われます。ベッドを上げる時は30度以下に。体を移動する時も、ずれが起きないように気をつけます。

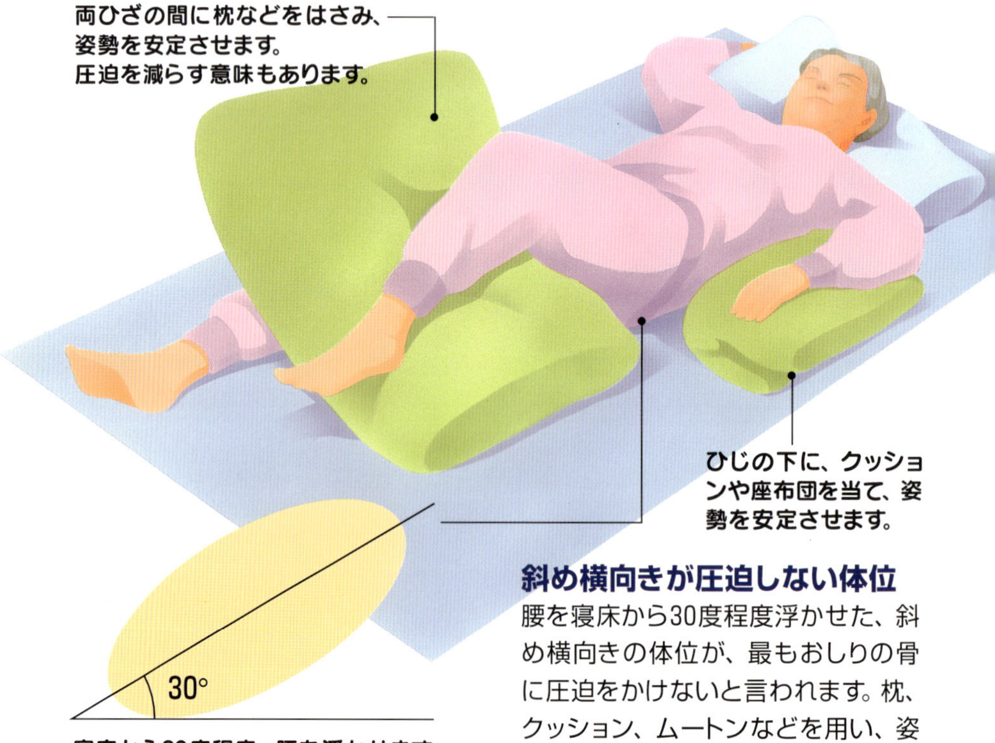

両ひざの間に枕などをはさみ、姿勢を安定させます。圧迫を減らす意味もあります。
ひじの下に、クッションや座布団を当て、姿勢を安定させます。
30°

寝床から30度程度、腰を浮かせます。

斜め横向きが圧迫しない体位

腰を寝床から30度程度浮かせた、斜め横向きの体位が、最もおしりの骨に圧迫をかけないと言われます。枕、クッション、ムートンなどを用い、姿勢を安定させます。

ただし、どんな体位であっても、安楽な状態を保ちます。できれば2時間ごとぐらいに体位を変えることはもちろん必要です。

マヒなどがある場合は、体位をいろいろ工夫します。

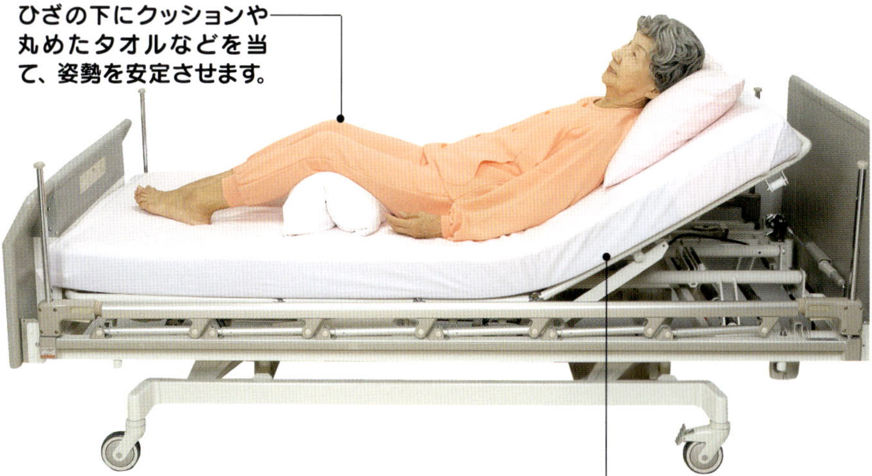
ひざの下にクッションや丸めたタオルなどを当て、姿勢を安定させます。
ベッドを上げる時は、30度以下に。これ以上上げると体がずり落ち、皮膚に摩擦やずれが起きます。

30度以下で、摩擦・ずれ防止

ベッドを上げる時は、30度以下にすることが床ずれ予防に大切。上げすぎると体がずり落ち、皮膚の摩擦・ずれの原因になります。
また、ベッドの折れ具合が体に合わない時は、無理に折らず、ひざの下に枕を入れます。
体がずり落ちない姿勢を整えることが大切です。

お世話の時も体をこすらず

体位変換や移動の際には、どうしてもお年寄りの体を引っ張り、寝床でずれが起こりがちになります。
できれば2人で持ち上げるなど、体をこすらない工夫をしたいものです。

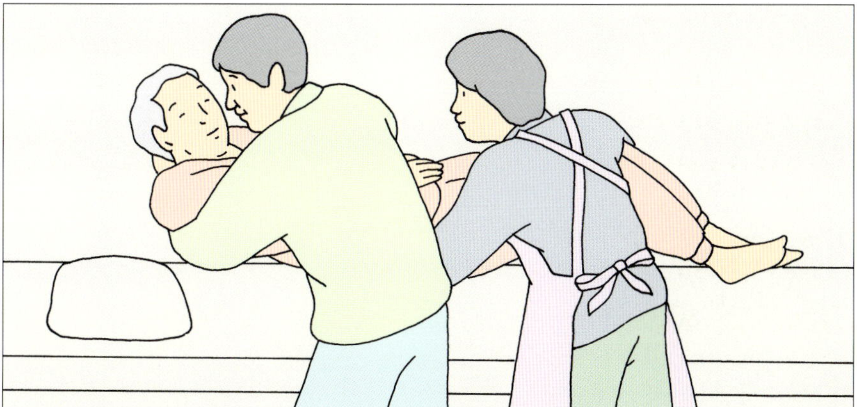

清潔のお世話で床ずれ予防

皮膚は長時間、ぬれたままにしないことが大切

汗をかいたり、おもらしをした皮膚をそのままぬれた状態にしておくと、皮膚の抵抗力が弱まり、床ずれの原因になります。手まめに清拭や洗浄をして、いつも清潔にしておくことが大切です。

汗をかきやすい背中や臀部は、毎日手まめに清拭して、清潔を保ちます。

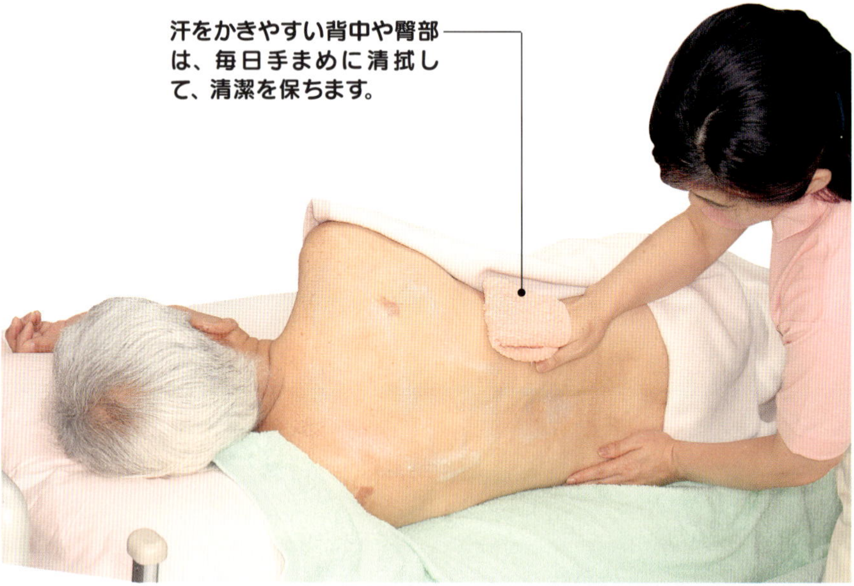

汗で湿っている時は

お年寄りの体が汗で湿っている時は、そのままにせず、手早く清拭を行います。
熱い湯でタオルを絞り、石けんをつけてふき、その後石けん分をふきとります。
背中や臀部など、汗をかきやすいところは、毎日手まめに行います。

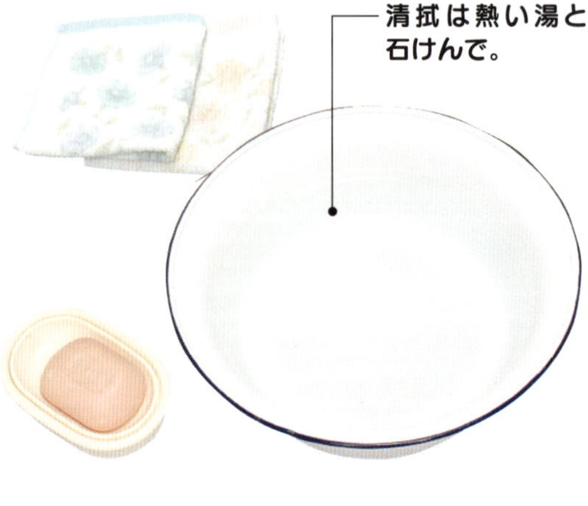

清拭は熱い湯と石けんで。

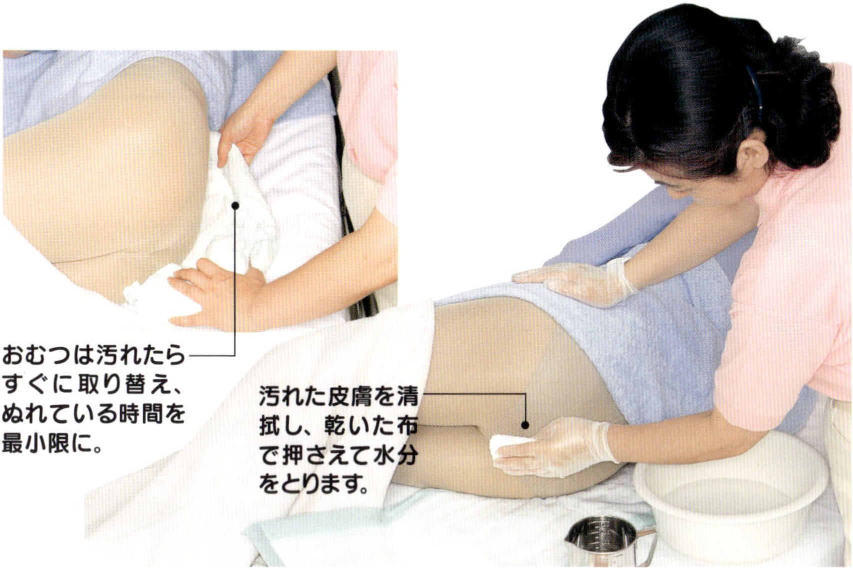
おむつは汚れたらすぐに取り替え、ぬれている時間を最小限に。
汚れた皮膚を清拭し、乾いた布で押さえて水分をとります。

おむつは、ぬれたら取り替え

おむつはぬれたら、できるだけ早く取り替え、皮膚への刺激を防ぎます。汚れた皮膚を石けんとお湯でふき、乾いた布で押さえぶきをして水分をとります。
また、おむつが厚すぎると、エアマットの効果を半減させることになるので気をつけます。

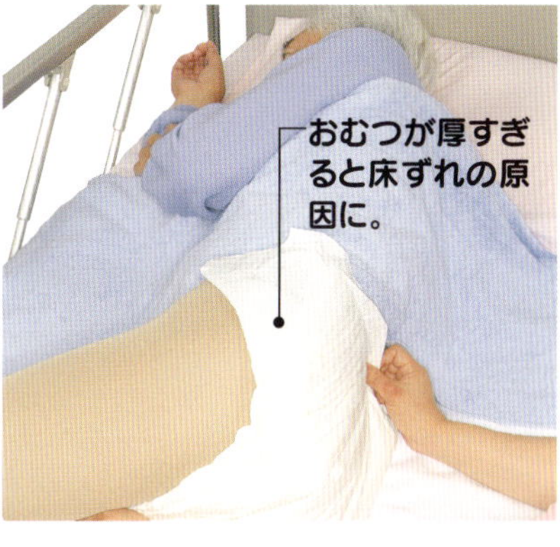
おむつが厚すぎると床ずれの原因に。

第⑧章

マッサージは禁物！

以前は、皮膚が赤くなったら、マッサージをすることが勧められましたが、現在では逆効果だと言われています。
同じように、円座も用いなくなっています。

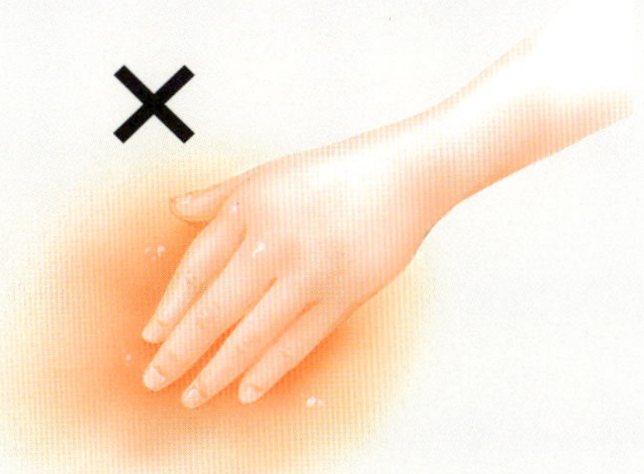

食事のお世話も大切です

特殊食品なども利用して、栄養状態を改善

栄養状態が悪くなると貧血や低たんぱくの状態になり、組織に十分な栄養がいかなくなります。そこに圧迫が加わると、血液循環が悪くなり、簡単に床ずれができてしまいます。食事の摂取量が少ない時は栄養強化食品なども利用して、栄養状態を改善します。

栄養強化食品も利用

年をとると少食になり、栄養状態は悪くなりがちです。お年寄りの好きな食品を勧めたり、食べやすい工夫をするとともに、栄養強化食品、食べやすい介護食なども上手に取り入れてください。

もちろん、バランスのとれた食事を用意し、おいしく食べることが基本です。牛乳・卵などは、できるだけ毎日食べるようにします。

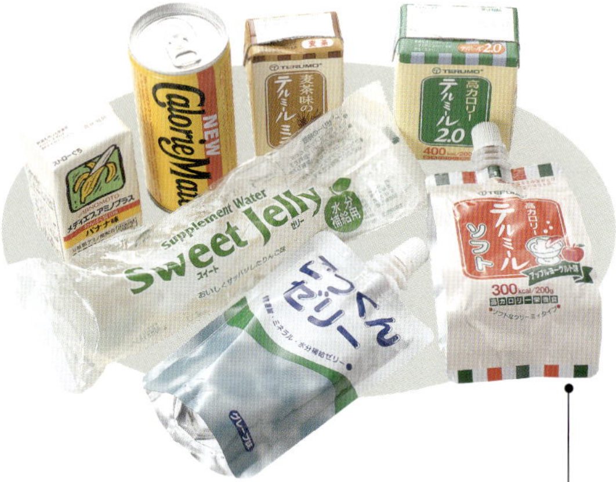

高エネルギー、高たんぱく、ビタミン補給、飲みこみやすいなど、さまざまな補助食品が市販されています。

食欲がない時は、お年寄りの好物を食べやすい形で勧めます。

第9章

(財)ライフプランニングセンター
栄養管理科長
平野真澄

食事のお世話

●老年期の食事と栄養
●食生活のチェックポイント
●知っておきたい調理の工夫
●食事の悩みは工夫で解決
●飲みこみやすい食品・注意したい食品
●ミキサーに適さない食品
●献立は、状態に合わせて展開
●食事介助のポイント

老年期の食事と栄養

必要栄養量は、活動量により個人差が広がります

老年期の栄養所要量は、エネルギーやたんぱく質が少し減る程度で、ビタミンやミネラルは、壮年期とほとんど変わりません。70歳ぐらいから食事の摂取量が徐々に減り、好みの食品に偏りがちになると同時に年齢差より個人差が広がります。また、寝たきりのように動かない方でも、1日当たり1200～1300kcalのエネルギーが必要です。

1400kcal（たんぱく質60g）の1日の食事の組み合わせ

分類	糖質を含む食品		たんぱく質を含む食品		
食品群	穀類・芋・豆 かぼちゃなど	果物類	魚介類と その加工食品	獣鳥肉類と その加工食品	卵・チーズ
単位	7（560kcal）	1（80kcal）	1（80kcal）	1（80kcal）	1（80kcal）
1日の目安量			4（320kcal）		
	ご飯・軽く3杯  じゃがいも 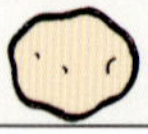	りんご・中2/3個 （150g） 	切り身・1切れ 白身（80g） 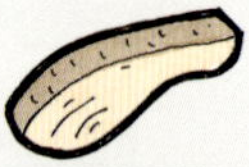	鶏肉〈皮なし〉 （60g） 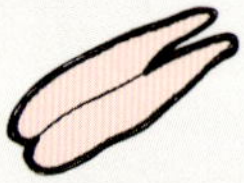	鶏卵・小1個 （50g） 
食品交換の例（1単位・80kcal）	食パン（30g）  全がゆ（110g）  ゆでうどん （80g）  乾めん（20g） 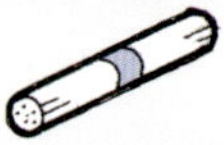	みかん・2個 （200g）  グレープフルーツ （200g）  ぶどう（150g）  バナナ（100g） 	あじ・中1尾 （60g）  さけ、いわし、さば （40g）  えび（100g）  いか、かき、かに （100g） 	牛肉〈脂なし〉（60g） 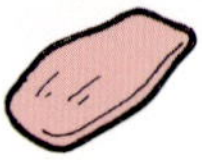 豚肉〈脂なし〉（60g） 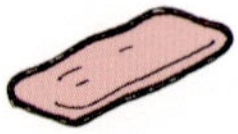 ハム（60g） 	チーズ・1切れ （25g）  カテージチーズ （80g） 卵豆腐（140g） 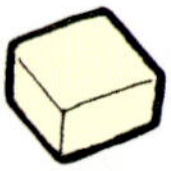

低い生活活動強度の方の1日の栄養所要量目安

厚生省「日本人の栄養所要量」より

男性	エネルギー (kcal)	たんぱく質 (g)	脂肪エネルギー比率 (%)	カルシウム (mg)	鉄 (mg)
50〜69歳 (体位基準:身長164cm)	1750kcal	65g	20-25%	600mg	10mg
70歳以上 (体位基準:身長159cm)	1600kcal	65g	20-25%	600mg	10mg

女性	エネルギー (kcal)	たんぱく質 (g)	脂肪エネルギー比率 (%)	カルシウム (mg)	鉄 (mg)
50〜69歳 (体位基準:身長151cm)	1450kcal	55g	20-25%	600mg	10mg
70歳以上 (体位基準:身長146cm)	1300kcal	55g	20-25%	600mg	10mg

1単位は80kcalのエネルギー単位です。

		脂肪を含む食品	ビタミン・ミネラルを含む食品	付録	
大豆とその加工食品	乳類および乳製品	油脂類および多脂性食品	野菜類	味噌	調味料
1(80kcal)	1.4(112kcal)	1.5(120kcal)	1(80kcal)	0.3(24kcal)	1.2(96kcal)
豆腐・半丁 木綿(100g) 絹ごし(140g)	牛乳(200cc)	植物油(10g) 大さじ1杯 + バター(5g)	緑の濃い野菜 100g ほうれん草 サラダ菜 にんじん オクラ ピーマン ブロッコリー その他	味噌 大さじ軽く2/3杯(12g)	砂糖 大さじ2杯(20g) + みりん 小さじ1杯
高野豆腐(20g) 納豆・1/2個(40g) 豆乳(180cc) ゆで大豆(40g)	脱脂粉乳 大さじ3杯(20g) ヨーグルト〈加糖〉(100g) プレーンヨーグルト(140g)	マーガリン 大さじ1杯(10g) マヨネーズ 大さじ山1杯 ドレッシング 大さじ2杯 ごま 大さじ1.5杯(15g)	緑の薄い野菜 150〜200g キャベツ きゅうり なす 白菜 玉ねぎ かぶ 大根 その他	水分 1.2ℓ 200cc×6杯	

食品構成は、「糖尿病食事療法のための食品交換表」を参考にしました。

第⑨章

食生活のチェックポイント

お年寄りは低栄養になりがち。こんな視点で生活チェック！

老年期には、さまざまな生活上の変化が食生活にも影響を及ぼします。買い物や調理の手間が負担になったり、家にこもりがちで食欲が失われたり…。低栄養になりがちなお年寄りの食生活を、まずチェックしてみませんか？

Check 1
最近、口にする食品の種類や量が減少した。

Check 2
野菜や果物、乳製品をあまり食べていない。

Check 3
食事量が減り、飲みこめない物が増えて、食事中にむせることがある。

Check 4
ビール中瓶1本、またはお酒1合、またはウイスキー水割り2杯を毎日飲んでいる。

Check 5
経済的な理由から、食事や食品のとり方を制限している。

Check 6
1日に、3種類以上の薬を飲んでいる。

Check 7
半年間で、体重が5kg以上増減した。

Check 8
ひとりで食事をしている。

Check 9
自分では買い物に行ったり、料理ができない。

1 品数多く、規則正しく

加齢とともに嗜好も保守的になり、食品の種類が減りがち。また活動量も減り、食欲も失われがちです。
生活リズムを保つためにも、少量でも品数多く、規則正しく食べたいものです。

2 野菜や乳製品をとる工夫

野菜は調理に手間がかかり、介護に手がかかる時には負担に感じることが…。市販の介護食やベビーフードを利用するのも一案です。
牛乳が苦手な場合は、プリンやゼリーにしてみます。

3 むせる場合は対応を工夫

病気の後遺症があったり、全身の衰弱が進むと、嚥下障害(物を飲みこみにくい)が現れやすくなります。
頻繁にむせたり、せきこんだりする場合は専門家に相談し、リハビリや食事の工夫を。

4 お酒は、時折楽しむ程度に

この程度以下の飲酒は生活のアクセントになり、食欲を促す場合もあります。
ただ、お酒自体にはエネルギーだけで栄養素がないため、毎日飲むのは控えたいものです。

5 給食サービスなども利用

年をとって年金生活になると、食事に十分お金をかけられない場合があります。
安価な食材で調理法を工夫したり、公的な給食サービスを利用するなどの方法も考えられます。

6 ビタミンやミネラルを

薬は食欲や栄養状態、唾液の分泌に影響を与える場合があります。
副作用を最低限に抑えるため服用方法を守り、服薬で必要量が高まるビタミンやミネラルを十分にとります。

7 体重の大きな増減に注意

療養中に体重が大幅に増加したら(2kg増/週)、むくみ(浮腫)による可能性が…。
大幅な体重減少は、極端な低栄養が心配されます。
体重測定ができない場合は、上腕の周囲を比較します。

8,9 社会的サポートを活用

独り暮しのお年寄りは、買い物・調理・食事・後片付けをすべてひとりで行わなければなりません。家族の分担やだんらんがない分、ヘルパーやボランティアなどのサポートを受けることもよいでしょう。

知っておきたい調理の工夫

食品のサイズや調理器具をかしこく使い分けます

私たちはそしゃくすることで、食物を2㎜サイズぐらいまで細かくし、唾液と混ぜ合わせ、飲みこみやすく、消化しやすくしています。そしゃくが十分できない時は、その程度に合わせて調理の工夫が必要です。

食品のサイズを調整する

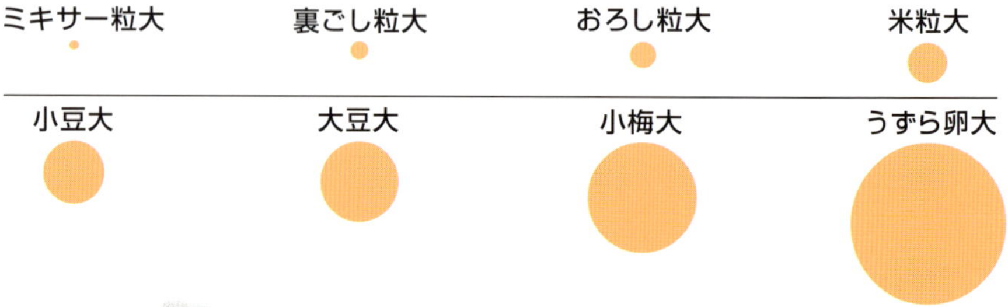

ミキサー粒大
裏ごし粒大
おろし粒大
米粒大
小豆大
大豆大
小梅大
うずら卵大

サイズと形態を調節するために便利な調理器具

ミル
フードカッター
ポテトマッシャー
ミキサー
裏ごし器
泡立て器
おろし器
文化包丁
ペティナイフ

同じ食品が器具によって、さまざまな形態に

調理器具を上手に使い分けることによって、ひとつの食品がさまざまなサイズ・形状に変化します。お年寄りの障害の程度に合わせて、そしゃくできるサイズ・形状を選択。なるべく食品本来の性状を残すことも大切です。

食べやすい形状

ほうれん草・にんじん
じゃがいも

ミキサーにかけると…
(トロトロに)

ミルに
かけると…

スプーンでつぶすと…

みじん切り(小)に
すると…
(パラパラに)

みじん切り(大)に
すると…

さいの目に切ると…
(かみやすく)

薄切りにすると…

食事の悩みは工夫で解決

はしなどが使えない、使いにくい場合は…

はしがうまく使えない方のために、障害を補うスプーンや皿、カップなどが数多く市販されています。また、食品の形態や並べ方、食器がすべらない工夫など少しの心づかいが、自分で食べる力を引き出してくれます。

市販のラバーで太さを調節

まず、普段使いの物から

特別な介護食器でなくても、まずは普段使いの中から使いやすい物を選びます。市販のラバーをつけることで太さの調節も可能です。

角度を変えられる食器

介護食器は、すくいやすい形に角度を変えられたり、握りやすい太さにラバーがついた物など、さまざまなタイプが市販されています。

大きく傾けなくても、飲みきることができるよう、口の形が工夫されています。

4本の指を差しこめる持ち手。指の力が弱い方でも、安心して支えられます。

お皿の角に食物を寄せて、スプーンですくうことができます。

工夫されたお皿やカップ

すくいやすいお皿。持ちやすいカップ。介護ショップには、さまざまな食器が並んでいます。持ち上げる食器は、あまり重くない物を選んでください。

手でつまめるメニューを

手でつまめるメニューは気楽に食べられて、お年寄りに人気があります。俵型のおにぎりは、握ってもくずれない固さに。サンドイッチはロール型にもできます。

食事の途中で、並べ替え

食器がうまく使えないと、つい手元の物ばかり食べてしまいがち。ご飯ばかり食べ、おかずを残してしまうと、栄養が十分とれないことになります。食事の途中で食器を並べ替え、いろいろな食品がとれるように配慮します。

食事の途中で手前と向こう側の料理を入れ替えると、まんべんなく食べられます。

下敷きマットで食器が安定

食器にすべり止めがついていない場合は、ラバータイプのマットを使うと食器がすべらず安心。ぬれたふきんで代用することもできます。

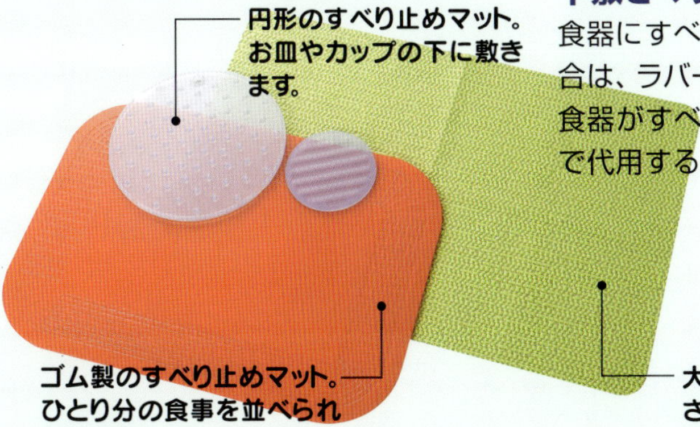
円形のすべり止めマット。お皿やカップの下に敷きます。
ゴム製のすべり止めマット。ひとり分の食事を並べられる大きさ。
大き目のすべり止めマット。やさしい色合いと質感が好まれます。

口元に運べない、運びにくい場合は…

手や指にふるえがあったり、力が弱まってスプーンやはしの扱いが不自由になると、器に直接口を当てることが多くなります。こんな時は、軽くて割れにくい食器やふたつきの食器を使ったり、エプロンや姿勢の工夫が必要です。

軽くて割れにくい食器

軽くて割れにくい素材でできた食器やホルダーつきの食器を選ぶと、自分で食べる力を助けます。

軽いカップ。口が広く飲みやすいデザイン。

ホルダーに手を入れて食器を支えられます。

吸い口のついた容器。傾けても安全。

ふたつき容器も活躍

飲み物は、ふたつき容器でとると安全。寝た姿勢での食事にも便利です。
コップにラップをかけ、輪ゴムで止めてストローを刺す方法でも代用できます。

ふたにストローがついた容器。

吸い口があり、持ち手がついた乳児用容器。

食器と食品の形状

食器を調整するほか、食品の形状に注意。
しっとりしてまとまりやすい物、またはフォークで刺しやすい物を。

食品は「しっとり」、または「刺しやすく」。

使いやすい食器を選ぶのは、もちろんです。

こぼしてもよい環境作りを

お年寄りがこぼすたびに注意するのではなく、まず、こぼしてもよい環境を整えることが大切です。エプロンをつけ、敷物を用意。こまめに口元をぬぐえるようお絞りは手元に置きます。

食膳の下まで広げられるタイプのエプロン。食物がひざに落ちません。

わきを折り返し、食膳と体の間の生地をたるませると、食物を受けやすくなります。

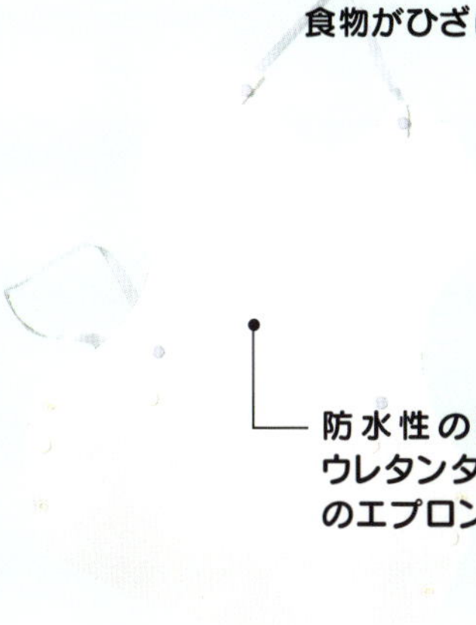

防水性の高いウレタンタイプのエプロン。

テーブルは食事全体を見渡せるよう胸より下にあり、手を自然に置ける高さに。

両足が床につくことが大切。体が安定します。

いすに深く腰かけて背筋を伸ばし、少し前かがみの姿勢に。

介助用の食器は、小ぶりに

介助用の食器は小ぶりで浅く、木や竹製の口の中を傷つけにくい物を選びます。柄の長い物が重宝。

座れる場合は背すじをまっすぐ

座れる方なら、体をきちんと起こした少し前かがみの姿勢が、最も食べやすく安全です。

かみにくい、かめない場合は…

かめないからと、食品をすべてドロドロの状態にするのは考えもの。ゆっくりそしゃくすれば飲みこめる工夫をして、唾液の分泌を促し、残された機能を活用します。野菜や海藻類を献立に入れ、便秘を予防することも大切。

煮込んで、さらに包丁目を

野菜は柔らかく調理し、さらに包丁目を入れると食べやすくなります。見た目も美しく、食欲アップ!

野菜は、柔らかく煮込んで

繊維の多い野菜は歯茎でつぶれるほど柔らかく煮込みます。さらにスプーンの背でつぶしてもよいでしょう。

刻み具合をそれぞれ工夫

刻むことで、かむ労力の40%ぐらいを減らせると言われます。ただし、すべて一律に刻む必要はありません。食品ごとに変え、その人の持てる力を引き出します。

ミルは材料ごとに

ミルはあまり加水せずに、粉砕可能。素材ごとにかけるのがおいしさの秘訣です。

飲みこみにくい、飲みこめない場合は…

飲みこみにくい場合は、できるだけ体を起こして食べること、自力で食べることが誤嚥の予防になります。自力で、自分のペースで食べることは、全身の状態にもよい影響を与えます。

介助の際は、一口の量に注意

一口の量が多すぎたり、少なすぎても飲みこみにくくなります。適量を工夫してください。

ミキサー食は、粘度がコツ

ミキサーにかける際は、仕上がりの粘度に注意。ケチャップ状、ソース状など、人により飲みこみやすい粘度が異なります。

1食ごとの食事量は少なめに

食事の時間は30分が目安。長すぎると疲れてしまいます。1食の量を少なく、1日4〜5食とる方法もあります。

あんかけもお勧め

あんをかけると、のどごしがよくなり、唾液を補う働きもします。でんぷん類は冷めると固くなるので注意。

むせやすい、むせる場合は…

嚥下《えんげ》障害のあるお年寄りは、少しの水分でもむせたり、飲み下しがむずかしくなったりします。一般に、とろみのある物、ゼリー状の物が飲みこみやすい食品ですが、様子を見ながら、少しずつ口に入れることが大切です。

一振りで、とろみアップ！

飲み物に、とろみをつけるとむせにくいもの。市販の増粘剤が便利です。ストローのほうが飲みやすい場合もあります。

ペースト状の食品もお試しを

かぼちゃ、じゃがいも、山芋、さつまいもは、すりおろしたり、ゆでてつぶすことで簡単に、飲みこみやすいペースト状になります。

水分の多い食品で、脱水予防

むせやすいと水分がとりにくいため、脱水に注意。果物、蒸し物、ゼリー、アイスクリームなど、水分の多い食品を勧めます。

ゼリーがお勧め

ゼリー状は、飲みこみやすい食品の代表。水分補給には濃縮ジュース50cc、ゼラチン3.75g、水230ccで作るゆるめのゼリーを。

酸味や刺激の強い食品は避けます

酢は5倍の出し汁で薄めたり、砂糖を多めに入れたり、加熱するとむせにくくなります。

とろみをつける強い味方

とろみをつけるには、片栗粉やコーンスターチ、葛、山芋パウダーなど、さまざまな物を利用します。
ゼラチンはたんぱく質を多く含み、栄養補給にもなります。

上手に活用したい「嚥下《えんげ》(飲みこみ)補助食品」

増粘剤…加熱せず、混ぜるだけでとろみをつけてくれる製品。
ゲル化剤…ゼラチン、寒天、カラギーナン(海藻)など。ゼラチンは体温で溶けるので注意。
栄養強化食品…食欲がない時は、栄養強化食品をとるのも一案。調理済みのレトルト食品などもあります。

●さまざまな嚥下補助食品・栄養強化食品

第⑨章

飲みこみやすい食品・注意したい食品

「とろり」「つるり」が飲みこみやすい食品

食品には、「とろり」「つるり」とした飲みこみやすいタイプの物と、固い物、ぱさぱさした物、口の中でばらばらになりやすい物、かむと水分が出てしまいパサつくタイプの物など、飲みこみにくく、むせやすい物があります。

飲みこみやすい食品、飲みこみにくい食品

	飲みこみやすい	飲みこみにくい
食品	■山芋 ■バナナ ■豆腐 ■もずく(短く切る) ■白身魚(あぶらののった) ■ヨーグルト ■納豆	■高野豆腐 ■とうもろこし ■がんもどき ■油揚げ ■花かつお ■かまぼこ ■干物 ■鶏ささみ ■こんにゃく ■山菜 ■身の固い魚 ■おから ■海苔 ■わかめ ■ナッツ類 ■パイナップル ■すいか ■食パン ■ウエハース
料理	■とろろ芋 ■葛湯 ■プリン ■ゼリー ■卵豆腐 ■テリーヌ ■ババロア ■ムース ■温泉卵 ■茶碗蒸し(具のないもの) ■煮こごり ■煮込みうどん ■蒸しもの ■パンがゆ ■つみれ(つなぎを多く入れる) ■果物のコンポート	■ぱさつく料理(フライ・唐揚げ・焼き魚) ■口の中でバラバラになる料理 ■海苔、葉物などのように上あごにはりつく物 ■酸味の強い物 ■香辛料の強い物 ■べたつく物 ■水分と固形分の一体性のない物 ■すすって食べる物

※飲みこみにくい食材でも、とうもろこしをポタージュスープにするなど、工夫の仕方しだいで十分に利用できます。

のどにつまりやすい食品

餅・あめ玉・こんにゃく・固ゆで卵・里芋・いか・たこ・豆類・魚の骨・みかん缶詰・黄桃缶詰

ミキサーに適さない食品

繊維の多い物、臭いの強い物に注意

飲みこみやそしゃく、消化に問題がある場合は、柔らかい料理、ミキサー食、流動食などにします。その際、臭いや食感などの面から、ミキサーやミルには適さない食品があるので注意してください。

ミキサーに適さない食品	
組織が固いもの	こんにゃく・油揚げ・卵の花・脂肪の少ない筋肉・魚卵・固ゆで卵・魚の薫製・干物・いか・たこ
繊維の多い野菜	たけのこ・ごぼう・山菜・干し椎茸・わかめを除く海藻類
臭いの強いもの	にら・にんにく・しそ・みつば・セロリ・漬け物・さば・さんま・いわし
特有の青臭さや苦みが出るもの	生キャベツ・大根・ねぎ・なす・きゅうり・もやし

食事の形態	
軟菜食	ゆでたり、蒸したり、煮たりする調理法を用い、柔らかく調理した食事。軽いそしゃく障害、嚥下(飲みこみ)障害、消化吸収障害がある場合に用います。 繊維の多い食品でも少量にしたり、調理法を工夫すればとることができます。主食もかゆになり、全体に水分量が増えるので、長期にとる場合は栄養状態に気をつけます。
ミキサー・ミル食	軟菜の料理をミキサーやミルにかけたもので、摂取栄養は軟菜食と同じ量と質がとれます。加水したりミキサーにかけることで大きく形態が変わるため、食欲を失いがちです。
流動食	消化吸収がよく、淡泊なものとなります。ポタージュタイプは軟菜食への過渡期であり、クリアータイプは水分補給が主目的となります。

献立は、状態に合わせて展開

飲みこみの状態により、メニューがさまざまに展開できます

お年寄りだけに特別な献立を用意するのは、介護者の負担になり、お年寄り自身もさびしいもの。普通食→軟菜食→刻み食→ミキサー食など、家族と同じ献立をより柔らかく食べやすく、ひと手間加えて展開すると便利です。

献　立

■ご飯　■刺身
■肉じゃが
■茶碗蒸し
■ほうれん草のお浸し
■果物（りんご）

〈栄養価〉
エネルギー：440kcal
たんぱく質：20g

主食（白米）

普通食

普通食のご飯。普段より少し水加減を多めにすれば、軟飯となります。

軟菜食

全がゆ。すべての重湯を米が含み、ふっくらと炊きあがったものです。
(重湯:かゆ=0:10)

刻み食(飲みこみ援助)

五分がゆは重湯とかゆが半々。ご飯粒が気になるなら、少量の片栗粉を。
(重湯:かゆ=5:5)

ミキサー食(飲みこみ援助)

五分がゆをミキサーにかけると、さらに飲みこみやすく。冷めると粘るので注意。

主菜（刺身）

普通食

刺身はそのままでも食べやすいメニュー。
つまの大根は水にとらず、しっとりと。

軟菜食

筋の少ない赤身を食べやすい大きさに切ります。
つまは短く切って食べやすく。

刻み食(飲みこみ援助)

筋の少ない赤身を細かくたたきます。
つまは大根おろしにして添えます。

ミキサー食(飲みこみ援助)

新鮮な溶き卵を加え、ミキサーにかけます。卵の鮮度には、十分な注意が必要。

副　菜（肉じゃが）

普通食

肉じゃがは多めの出し汁で、煮崩れるまで柔らかく。必要ならスプーンでつぶします。

軟菜食

肉は細かく、じゃがいもは粗く刻みます。
素材によって、刻む状態を変えます。

刻み食（飲みこみ援助）

肉をひき肉に変え、じゃがいもは小さくして柔らかく。
片栗粉でとろみをつけます。

ミキサー食（飲みこみ援助）

煮上がった肉じゃがに出し汁を加え、ミキサーにかけます。出し汁の量で柔らかさを調整。

汁　物（茶碗蒸し）

普通食

卵がつなぎになるため、家族と同じものがとれます。
中の具は小さめにします。

軟菜食

具をみじん切りにしています。見た目は普通の茶碗蒸しとそれほど変わりません。

刻み食（飲みこみ援助）

具を入れなければ、そのままの状態で食べることができます。出し汁の量で固さを調節。

ミキサー食（飲みこみ援助）

具を除いた茶碗蒸しを、そのままミキサーに。刻んだ蒸しえびなどを乗せます。

副々菜（ほうれん草のお浸し）

普通食	軟菜食	刻み食（飲みこみ援助）	ミキサー食（飲みこみ援助）

柔らかくゆでたほうれん草の穂先を1cm程度に切ります。出し汁としょうゆで煮浸しに。	煮浸しにしたほうれん草をさらに細かく刻みます。煮汁は多めに食べやすく。	煮浸しにしたほうれん草を細かく刻んで、豆腐のあえごろもでつなぎます。	煮浸しにしたほうれん草をミルにかけ、上に豆腐のあえごろもをかけます。

デザート（りんご）

普通食	軟菜食	刻み食（飲みこみ援助）	ミキサー食（飲みこみ援助）

りんごは皮をむき、食べやすい厚さに切ってください。	りんごに砂糖を加え、柔らかく煮ます。食べやすい厚さに切って盛りつけます。	りんごをすりおろします。色が変わりやすいので、食べる直前におろします。	砂糖で柔らかく煮たりんごをミキサーにかけます。さらに増粘剤を加えてもよいでしょう。

食事介助のポイント

食べる姿勢や一口の量に注意して

食事の介助を行う時は、まず、お年寄りが食べやすい姿勢を整えます。起き上がれる方なら、食卓について腰かける姿勢をとるのがベスト。ベッドでとる場合はできるだけ上体を起こし、姿勢が安定するよう工夫します。

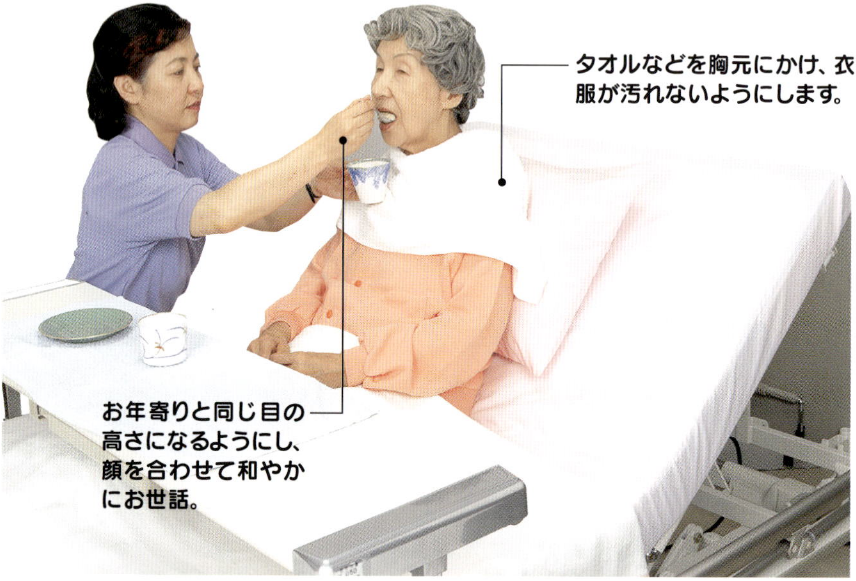
タオルなどを胸元にかけ、衣服が汚れないようにします。
お年寄りと同じ目の高さになるようにし、顔を合わせて和やかにお世話。

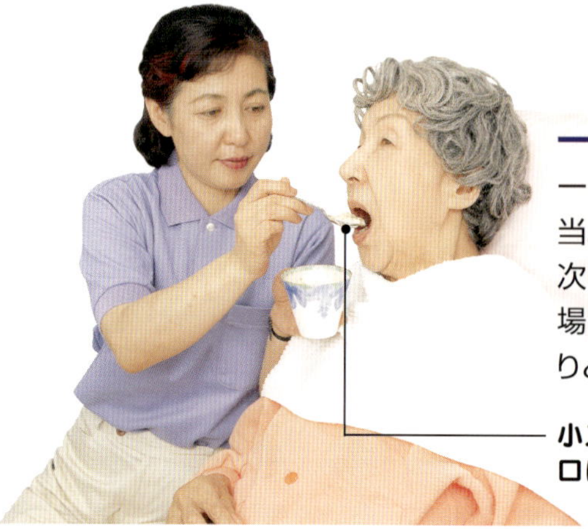
小スプーン1杯ずつ、口に入れます。

一口の量と飲みこみに注意

一口の量は小スプーン1杯程度が適当。必ず飲みこんだことを確認して、次の一口を勧めます。飲みこみにくい場合は「ゴックン」と声をかけ、ゆっくりとむせないように介助します。

上体をできるだけ起こします

あごが上がっていると気管に食べ物が入りやすいため、できるだけ上体を起こすことが大切。ベッドを上げた座位は不安定なので、枕やクッションを当てて安定させます。

ひざの下にも丸めたバスタオルなどを入れてください。

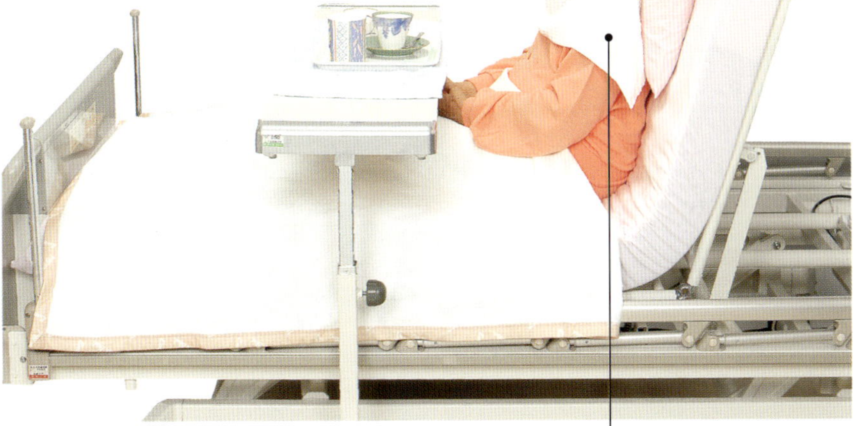
枕などを当てて、姿勢を安定させます。
上体はできるだけ起こすことが大切。

寝たままで食事をする場合は

状態によっては、やむをえず寝たままで食事をしなければならない場合があります。その際も、20度程度はベッドを上げます。

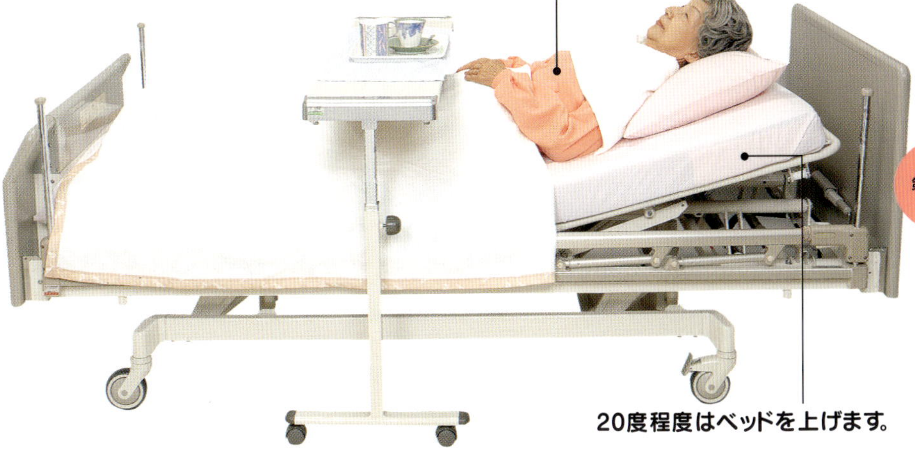
寝たままで食事をする場合も、少しでも上体を起こすようにします。
20度程度はベッドを上げます。

嚥下《えんげ》の仕組み

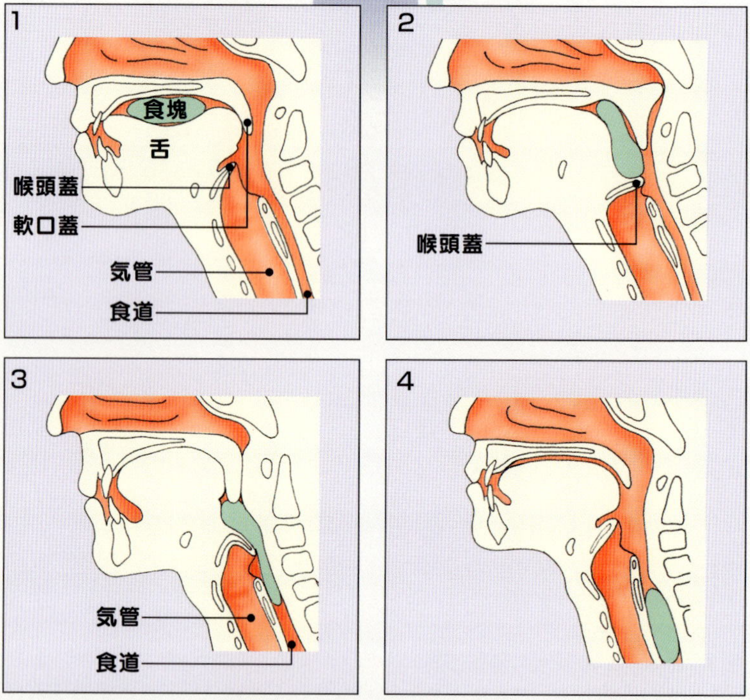
1
食塊
舌
喉頭蓋
軟口蓋
気管
食道
2
喉頭蓋
3
気管
食道
4

知っておきたい嚥下《えんげ》(飲みこみ)の仕組み

日常何気なく行っている嚥下(飲みこみ)は、大変複雑な反射の仕組みによって成り立っています。
まず、口の中でそしゃくされ、唾液と混ぜ合わされた食物は、食塊となって(1)、嚥下反射誘発部位に送られます。
すると喉頭蓋が下がり、食道の前面にある気管の入り口をふさぐ形になります (2)。
この時食物が食道へと進むため、食物は気管に入りにくく、通常、人間は誤嚥を起こさないですむのです (3)。
喉頭蓋が下がっても気管は完全にふさがれるわけではありませんが、呼吸が停止し、声帯も閉鎖しているため、普通は食物が気管に入ることはありません(3)。
食道に入った食塊は、蠕動《ぜんどう》運動と重力で胃に向かって移動していきます (4)。

第10章

日本大学
理工学部建築学科教授
野村 歡

お年寄りの住まい

- 快適な部屋づくり
- 段差をなくす工夫
- 手すりの工夫
- 浴室の工夫
- トイレの工夫
- 照明の工夫

快適な部屋づくり

お年寄りの寝室は、日当たりのよい1階に

お年寄りの寝室は、1階の日当たりのよい位置に設けます。敷地が狭かったり、日当たりが悪いために2階に寝室を設ける場合は、1階に容易におりられる方法を考えておかなければなりません。また、外部の物音がうるさすぎたり、家族の生活音が睡眠を妨げたりしないよう、十分に気を配りましょう。

本人のプライバシーを守らなければならないのはもちろんですが、家族からの疎外感を感じさせないような配慮も必要です。

家族のだんらんの雰囲気に接しやすいように、食堂・居間に近接していることを望むお年寄りも大勢います。

寝室のすぐ近くにぜひトイレを

また、体調がすぐれなかったり、身体機能が著しく低下してトイレまで移動することが困難になることも予想されるため、寝室のすぐ近くにトイレがほしいのです。できる限り本人専用とするのがよいでしょう。

寝室に隣接させてトイレを設ければ、生活のけじめがつけやすいのですが、身体機能がさらに低下すると、ベッドサイドにポータブルトイレを置くこともあります。そのようなスペースも考えておきたいものです。

寝ている姿勢で外が見え、毎日の天気や季節の移り変わりがわかるようにすると、心が和みます。

寝室の位置と間取り例

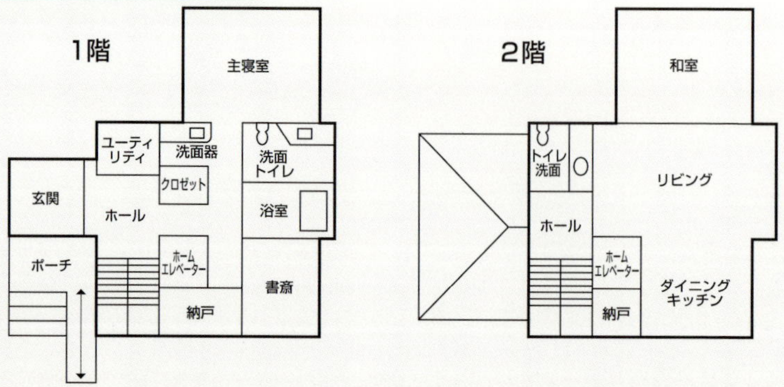

1階
主寝室
ユーティリティ
洗面器
洗面
トイレ
クロゼット
玄関
ホール
浴室
ポーチ
ホーム
エレベーター
書斎
納戸
2階
和室
トイレ
洗面
リビング
ホール
ホーム
エレベーター
ダイニング
キッチン
納戸

お年寄りの寝室

1階の日当たりのよい位置に
お年寄りの寝室は、1階の日当たりのよい位置に設けます。寝ている姿勢で外が見えると、心が和みます。

洗面器があると便利
室内に洗面器があると便利。介護の際に顔を洗ったり、体をふくのにも役立ちます。

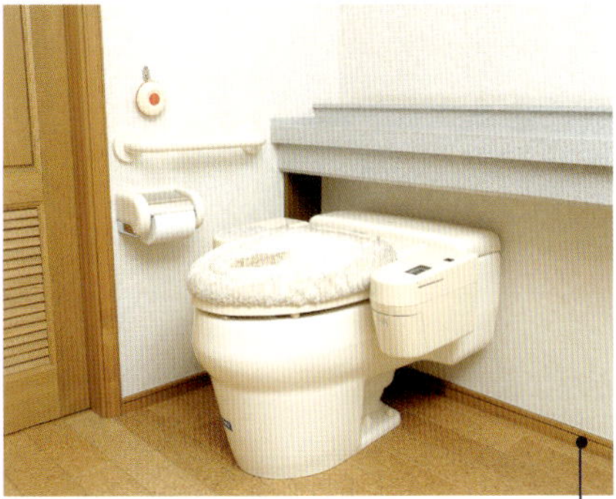

寝室の近くにトイレを
寝室のすぐ近くにトイレがほしいもの。できれば本人専用にします。

部屋は8畳。洗面器があると便利です

部屋の大きさは、ベッドの使用、収納家具の配置、介助用のスペースなどを考えると、6畳では狭すぎます。少なくとも8畳はほしいものです。もし、ご夫婦でおやすみになる時

第⑩章

は、12畳は考えたいものです。これらには押入れの面積は含みません。

また、室内に洗面器があると日常生活が便利になります。介助が必要になった時も、顔を洗ったり、体をふくのに大いに役立ちます。

照明は、直接目に入らないように。暖房は床暖房を

照明器具は、ベッドで寝ているお年寄りの目に光が直接入らないような間接照明が好まれます。

また、枕元に足元灯を設置することによって、不用意な事故を防ぐこともできます。スイッチは枕元で点滅できるようにします。

暖房は、直接暖房、特に床暖房を入れて、必要に応じてほかの暖房器具を併用します。空気が移動するような暖房方法を採用する時は、温風・冷風が直接お年寄りの体に当たらないように気をつけます。

同時に、室内の場所による温度差がないようにします。

収納スペースは、十分確保したいもの

お年寄りは物をとても大事にされるため、部屋の中の品物は増える一方です。収納スペースは多めに作っておいて困ることはありません。お年寄りの持ち物をよく見極めて、整理のしやすい棚や物入れを用意します。部屋の中がいつもすっきり整とんされているほうが気持ちがよいでしょうから、十分に確保します。

広い収納スペース
お年寄りは物を大事にするため、収納スペースを十分にとると、いつも部屋がすっきり。

介助スペースとナースコールを

介助が必要な場合には、ベッドの両サイドに介助スペースを設けます。

また、緊急時に家族を呼ぶナースコールを手の届くところに置きます。ナースコールを押せばだれかが来てくれるという安心感があるだけでも、気持ちの持ち方が相当変わってくるものです。

段差をなくす工夫

わずかな段差も事故の元

住宅内には玄関の敷地、上がりかまち、畳と廊下、脱衣室と浴室といったように、あちらこちらに段差があります。ところが、お年寄りは、わずか数ミリの段差にもつまずいて転倒することがありますから、できるだけ段差を取り除きます。

ここで言う段差とは、建築物が作り出すものだけでなく、こたつのカーペットと畳の段差や床面をはうコード類も対象に考えましょう。次に示す

小さな段差の解消法

木の傾斜面を利用
畳と廊下の段差のように小さなものは、木の傾斜面を使って解消することができます。

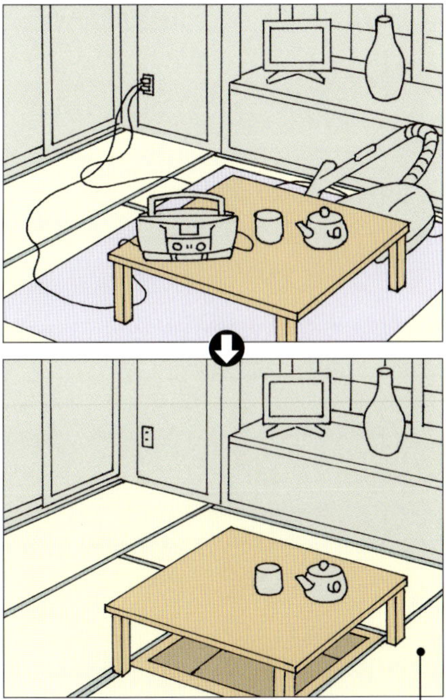

整理・整とんも段差解消法
カーペットと畳の段差、床をはうコード類などにもお年寄りはつまずいて、転倒する危険性があります。整理・整とんが大切です。

ような方法によって段差が除去できない場所には必ず手すりをつけて、これにつかまって行動するようにします。そうすれば、転倒して骨折するようなことはかなり防げるはずです。

アルミバーや木の傾斜面で段差解消

畳と廊下の段差のように小さな段差を解消する最も簡単な方法は、傾斜面をつけることです。現在ではアルミ製の市販品もありますが、木片を三角形に削り出し、段差に押し当てることでも解決できます。

低いほうの床面全体を高いほうの床に合わせて、段差を解消する方法もあります。非常に便利になりますが、改造工事としては大がかりです。そうしなければ生活ができない場合とか、経済的に余裕がある時に実施しましょう。

建築当初から、段差解消の心がけ

建築当初から段差をなくすことを考えておけば、工事を増加させることもなく、簡単に段差をなくすことができます。できれば住宅全体の、少なくともいつも使用する畳の部屋との段差は、なくしておきましょう。

段差のない住宅は安全性が高まるだけでなく、掃除も実に楽にできるのです。

浴室と脱衣室との間には、水返しのために段差があります。通常5cmまで、高齢者に配慮したユニットバスでは2cmまでにしています。

最近では、ここの段差を取り除き、なおかつ浴室の水が脱衣室に流れこまないような、戸付きの排水溝（グレーチング）が市販されています。そのほか、いろいろと工夫されたサッシがあるので、検討してみてください。

スロープや段差解消機を活用

敷地の入り口から玄関まで（アプローチ）、あるいは居間から屋外へのテラスに出る時の数十センチもあるような大きな段差には、スロープをつけます。

スロープは、1/12の傾斜（水平に12m移動して、上方に1mのぼる傾斜）で作られることが多いのですが、お年寄りがこれを自分でのぼるには急すぎます。あくまで介助をして、と考えましょう。

スロープを利用している時に、車いすの車輪がスロープから外れないように立ち上がりをつけたり、手すりをつけるなどの配慮が必要です。また、屋外に設置するスロープは雨

建築当初から段差解消

玄関にはスロープを
はじめから玄関には、スロープと階段を併設しておくと便利です。

入り口の段差も解消
玄関に入る際の段差も解消。境界を敷石の色を変えて示しています。

畳と床の段差解消
畳と床の高さを同じにし、凸面がないように施工しています。

ドアレールも除去
引き戸に使われるドアレールも、なくすことができます。

浴室と脱衣室の段差は
浴室と脱衣室の段差を解消する戸付きの排水溝やサッシが市販されています。

大きな段差の解消法

スロープで段差解消
市販のスロープを取り付けることで、屋外への大きな段差を解消することができます。

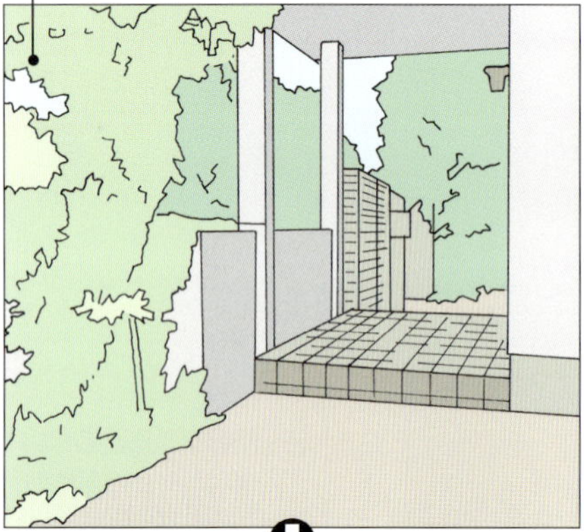

段差解消機も活躍
段差解消機は、下からせり上がって段差を解消する福祉用具。車いすごと介助者も乗ることができます。

にぬれることになるため、滑らないように工夫します。

ただ、気をつけてほしいのは、お年寄りの中にはゆっくりとのぼれる階段のほうがよいという方もおられるので、必ずご本人の希望を聞くようにしましょう。

段差解消機という福祉用具もあり、お年寄りの家庭では多く使われています。スロープのように大きなスペースを必要としないところが大きな利点であり、魅力でもあります。屋外だけでなく、玄関先の上がりかまちの段差解消にもよく使われます。

車いすといっしょに介助者が乗ることができ、電動式と手動式があります。

手すりの工夫

「手すり」と「握り棒」があります

手すりには、廊下・階段で手を滑らせて使う「手すり」と、トイレ・浴室でしっかりとつかんで体を預けるようにして使用する「握り棒」があります。この使用勝手の違いから要求される性能、たとえば形状・直径・取り付け位置などが異なってきます。

手すりは通常円形ですが、リウマチなどでしっかり把持できない場合は平型のものとし、手指で握るのではなく、ひじなどを沿わせながら使用することもあります。

「手すり」「握り棒」の太さと材質

「手すり」は太め。「握り棒」は細め
床に平行に取り付ける廊下などの「手すり」は直径32～36㎜。垂直に取り付け、上下の移動に使うトイレなどの「握り棒」は28～32㎜程度。

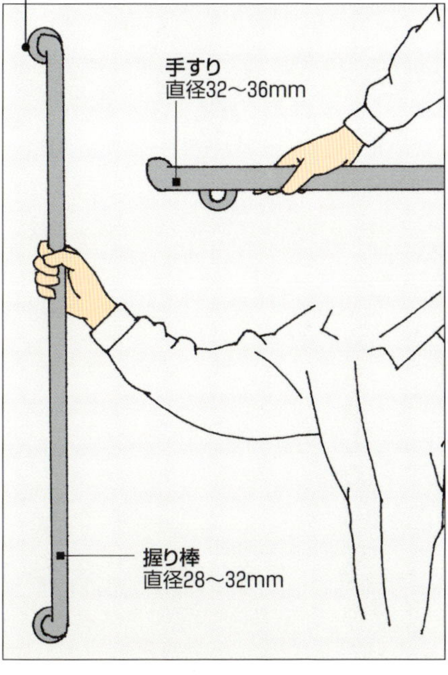

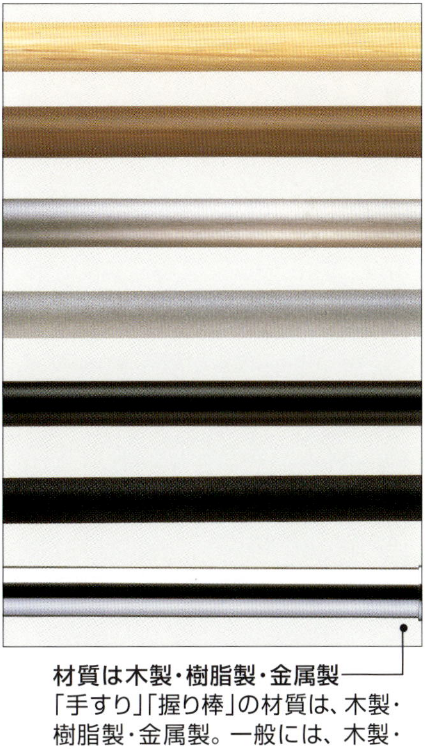

材質は木製・樹脂製・金属製
「手すり」「握り棒」の材質は、木製・樹脂製・金属製。一般には、木製・樹脂製が好まれています。

廊下や階段の「手すり」

廊下の手すりは床に平行
廊下の手すりは床面と平行に設置し、階段では傾斜に合わせます。

手すりの端部は曲げて
手すりの端部は壁面側か下方に曲げておかないと、そで口が引っかかって危険です。

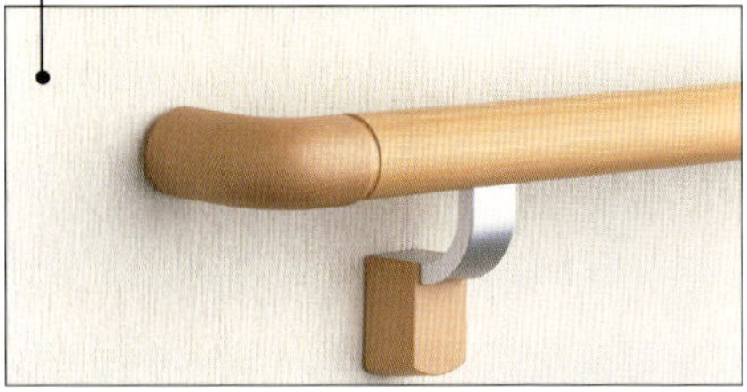

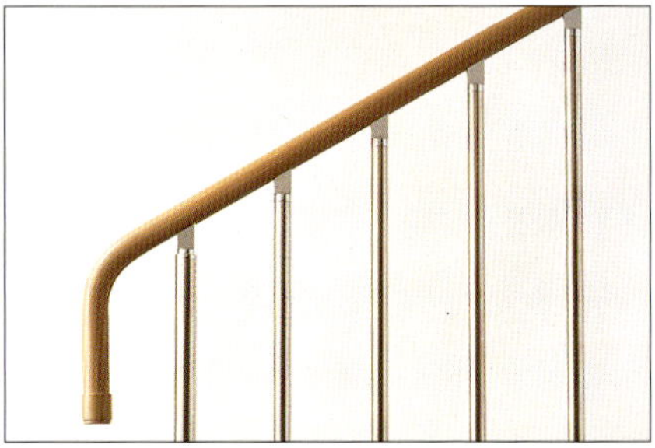

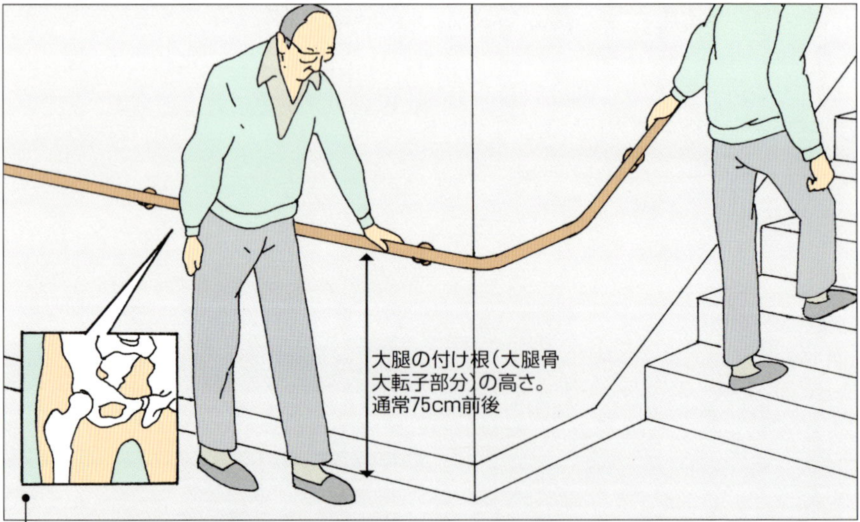

手すりは大腿の付け根の高さ
手すりはお年寄りの大腿骨大転子部分（大腿の付け根）の高さに合わせます。通常75cm前後。本人の希望を聞いて調整します。廊下の手すりは階段の手すりとつなげます。

木製・樹脂製が人気。太さは用途に応じて

手すりや握り棒の表面の材質は、さまざまなものがありますが、住宅内では一般的に木製・樹脂製が好まれています。手触りがよいからなのでしょう。しかし、浴室では木製は腐ってしまうため、金属製のものが使われるのが一般的です。

円形のものの直径は、「手すり」の場合はしっかり握らず、万が一の時に備えて手を軽く沿わせるだけなので、多少太めの32～36㎜を使用します。空間の広がりもあるため、太いほうが安定感があります。

一方、「握り棒」の場合は、しっかりと握って全体重をかけるような使用法をするため、やや細めの28～32㎜を使用することが多いのです。トイレや浴室など狭い部屋の中で使用するので、太いとごつく見えることも細めにする一因です。

床面と平行なら、大腿の付け根の高さ

「手すり」は、廊下の床面と平行に設置し、階段では傾斜に合わせます。お年寄りの大腿骨大転子部分（大腿の付け根）の高さに合わせるのが原則です。お年寄りの希望を聞いて調整しますが、通常75cm前後と言われています。

手すりの端部は、そで口が引っかからないように壁面側、または下向きに曲げておきます。また階段では、のぼったりおりたりしはじめる前の時点で、手すりに手を置くことが必要です。手すりの端部を廊下の手すりのように水平に設けるようにします。これが廊下の手すりと連続すれば、最善です。

立ったり、座ったりに使う「握り棒」は

トイレや浴室、玄関など、立ったり座ったりの動作を行う時に使用する「握り棒」。これは、体の重心が上下に移動することに対して安定させることが目的であるため、垂直に取り付けます。

「握り棒」の上端は肩甲骨より約10cm上方まで、下端は大腿骨大転子部分（大腿の付け根）の高さとするのが原則です。

玄関の上がりかまちの場合は、上端は玄関ホールに立った時の肩の高さに設置してください。

介助を妨げない、可動式の手すり

トイレでは、しばしば介助が必要になる場合があります。その際、「握

「握り棒」の設置

「握り棒」は垂直に取り付け
浴室の洗い場から立ち上がるなど、上下に移動する時に使う「握り棒」は垂直に設置します。

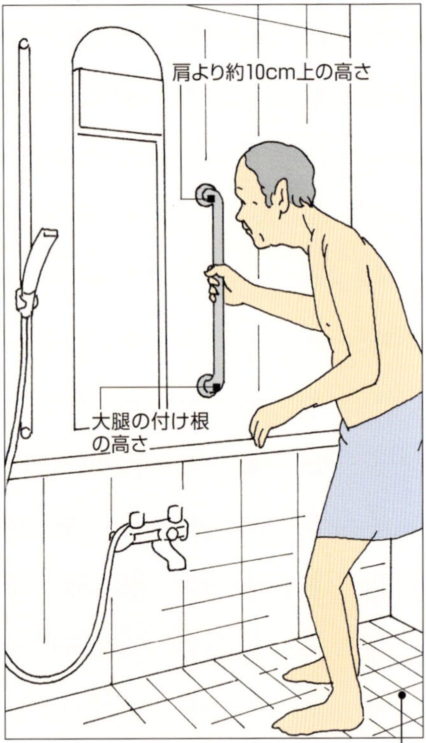

「握り棒」の高さ
握り棒の上端は肩の約10cm上方。下端は大腿骨大転子部分（大腿の付け根）までを原則にします。

り棒」が妨げになることがあります。こんな時には、可動式（跳ね上げタイプ）の手すり（P.175参照）を使用します。上下または左右に可動するものですが、壁にしっかりと取り付けないと取れてしまう恐れがあるので注意しましょう。

浴室では、浴槽の縁に取り外しが簡単にできるタイプの手すりも数多く市販されています。これも使用している浴槽にしっかりと取り付けられるような物を選びましょう。

ユニットバスには、これまで「手すり」や「握り棒」を後から取り付けられないと考えられていましたが、最近はそうした改造工事が簡単にできる場合があります。工務店とよく相談して、検討してみてください。

浴室の工夫

入浴動作は、日常で最も困難な動作

入浴は体を清潔にすることが主目的ですが、気分をリラックスさせるのにも効果があります。ただし、トイレと同じようにプライバシーを重視しなくてはならず、健康的な入浴に

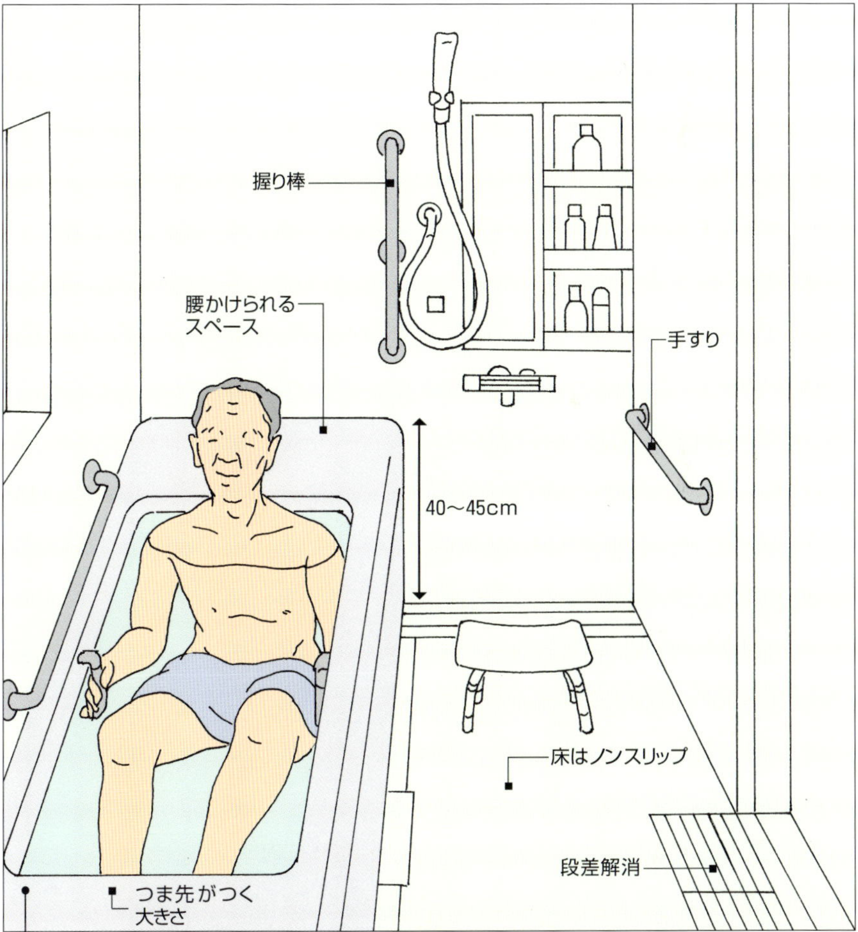

握り棒
腰かけられるスペース
手すり
40〜45cm
床はノンスリップ
段差解消
つま先がつく大きさ

入浴動作を安全に
入浴動作は日常生活で、最も困難な動作。脱衣室と浴室の段差解消、浴槽の高さ・長さ、手すりの位置、床の滑り止めなどを慎重に検討します。

第10章

浴室・脱衣室の段差解消ができない場合

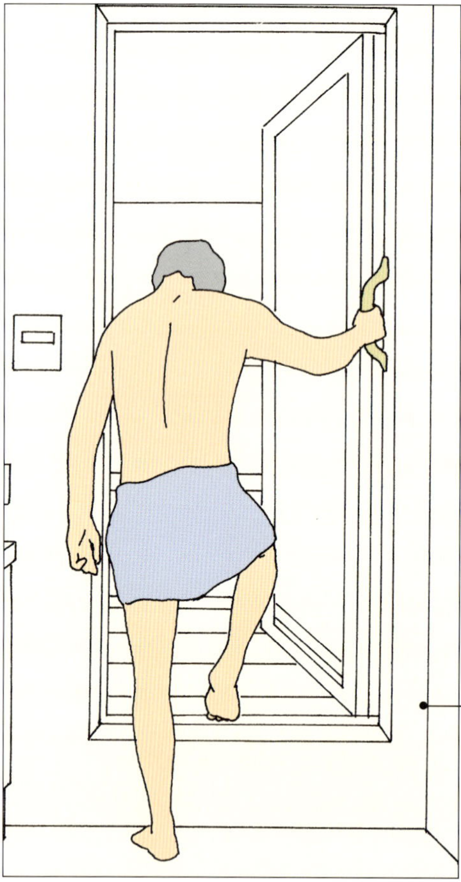

浴室の入り口に手すりを
浴室と脱衣室の間の段差が解消できない場合は、浴室の入り口に手すりが必要です。

手すりひとつで安全に
浴室に入る時も、浴室から出る時も、必ず手すりを使うようにすると安全で、動きもスムースです。

も、十分に配慮しなければなりません。

しかし、入浴動作は日常の中で、最も困難な動作と言われているほど、検討しなければならない課題がたくさんあります。たとえば、脱衣室と洗い場の段差の除去から始まって、浴槽の大きさ、手すりの取り付け、床仕上げ、シャワーなどの設備機器の選択、介助スペースの確保などです。

ひとつひとつ、慎重に対応していきましょう。

浴室は寝室に近いほうが何かと便利

浴室の位置は、トイレほど厳密な

手すりの位置・浴槽の大きさ

手すりの位置
浴槽に入る時、浴槽から立ち上がる時には手すりがあると安全です。お年寄りに合わせて、必要な場所、使いやすい位置に取り付けます。

浴槽の大きさ
浴槽の縁は40〜45cmの高さにし、腰かけて出入りすると体が安定します。大きさは、体を沈めた時、つま先が浴槽の壁につく程度。そうでないと体が浮き上がって、大変危険です。

要求はありませんが、寝室に近いほうが何かと便利です。特に、脱衣に介助が必要な場合、脱衣室では狭くて介助がしにくいことが多いのです。このような時、寝室のベッド上で脱衣して、体にタオルなどをかけて浴室に行くことができます。

浴室のスペースは180cm四方あると、介助も何とかでき、いろいろな福祉用具も使用することができます。

片マヒの人の場合、浴槽には健側（動く側）からアプローチし、介助は患側（マヒ側）から行うことが原則になっています。そのような動作がしやすいように、脱衣室〜浴室〜浴槽の動きがスムースに行えるように検討しましょう。

「すのこ」を使う時は小さく区切ります

床面はぬれるのが前提として、滑りにくい材料にします。ノンスリップが代表的な材料です。いわゆるお風呂マットを敷く場合は、室内全体に敷き詰めないと、マットが動いて危険です。

「すのこ」は、床面の段差を解消するためによく使われますが、掃除や「すのこ」を乾燥させたりすることを考えると、けっこう大変で、あまりお勧めできません。

やむをえず使用する場合は、手入れのことを考えて、大きさを小さめに区切り、持ち運びがしやすいようにしておきましょう。

手すりの位置、浴槽の長さ・高さを検討

浴室で手すりが必要になる動作は、脱衣室から浴室に扉を開けて入る時、またぎ越しで浴槽に入る時、浴槽にいる時の体の安定と浴槽から立ち上がる時、洗い場での体を洗う姿勢から立ち上がる時、などが中心になります。それぞれの動作で、お年寄りが手すりを必要とするかどうか、検討してください。

お年寄りが浴槽に体を沈めた時、つま先が浴槽壁についていないと体が浮き上がってしまい、同時におしりが前に滑って非常に危険です。このようなことが、ぜったいに起こらないようにしましょう。

洗い場の床から浴槽の縁までの高さを、浴槽の縁に腰かけて入る場合は40〜45cm程度、またいで入る場合は35cm程度にします。体が安定するのは、浴槽の縁に腰かけて入る方法なので、なるべくそのような入り方にします。

浴槽に入れない時は、シャワー浴を

身体上の理由で、どうしても浴槽に入れないこともあります。その時は、無理をして浴槽に入ろうとせず、シャワー浴という方法を考えます。シャワーは、介助する時にとても重宝します。シャワーが2本あれば、ひとつは体が冷えないようにタオルの上からかけておきます。

浴室での事故（発作）が、とても増えています。脱衣室も含めて、十分な暖房をしてから、入浴をするように心がけます。

トイレの工夫

プライバシーと介助の両方を考えて

排泄は生命維持に欠かせない行為ですが、本人が不便や不自由を訴えない限り、家族にも気づかれないほど、プライバシーが求められます。それだけに、慎重に対応を考えなければならないことを意味しています。

一方、プライバシーの必要な部屋でありながら、介助を受けなければ排泄行為ができない場合もあるため、身体機能が低下してきた時を考慮して、あらかじめ検討しておく必要があります。

さらに、排泄機能が衰えてくると、排泄時間も若い人より多く必要とします。身体の低下とともに、冬季の暖房などにも配慮しなければなりません。

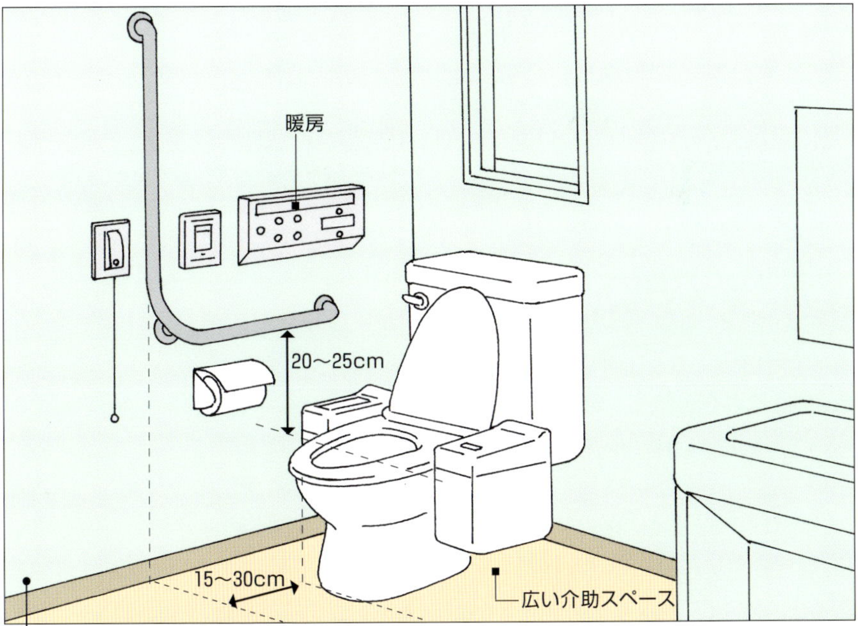

介助スペースや手すり、暖房を工夫
トイレは、日常生活に欠かせないスペース。介助が必要になる前に、あらかじめ、使い勝手を検討しておきたいものです。
特に介助スペースの確保、手すりの設置、暖房の工夫が大切です。

第10章

介助スペースを確保

マンションなど集合住宅では、トイレがコンパクトに設計されることが多く、介助スペースの確保はいわば悩みの種。写真は、トイレと洗面所を隔てる壁をあらかじめ、簡単に取り外せるよう設計しています。いざ、介護が必要になったら、壁を取り払い、洗面所のスペースが介助スペースに早変わりします。

トイレはできるだけお年寄り専用にしたいもの

高齢になると頻尿になるため、トイレは寝室に隣接して設置します。家族と共用すると、眠りの浅い高齢者は目を覚ましてしまうことがあるため、できる限りお年寄り専用としたいものです。それができない場合は、消音タイプの便器を採用します。

2階に寝室とトイレを設置する時、トイレと寝室の間に階段のおり口があると、誤って落ちる危険性があります。ぜったいに避けてください。

入り口の幅は75cm程度、トイレ内に介助スペースを

トイレの入り口の幅は、通常55〜60cmぐらいですが、介助を受けながら扉を開けたり、介助用の車いすを使ってトイレを使用しようとすると、通れないことになります。75cm程度は、ほしいものです。

身体機能がしだいに低下してくると、お年寄りひとりでトイレを使用できなくなります。その時、介助スペースを考えなくてはなりません。

介助スペースは、便器の側方と前方にそれぞれ幅50cm以上のスペースを確保しましょう。

トイレの手すり

横手すりで、体が安定
トイレのわきに取り付ける横手すりは、使用時に体を安定させるために必要です。

跳ね上げ式の手すりも利用
手すりがじゃまになる時は、跳ね上げ式の手すりを使うと便利です。

使いやすい位置に縦手すり・横手すりを設置

便器への立ち座りや、使用時の体位安定のために手すりが必要です。特に、立位から便器に座る場合には、縦手すり（握り棒）が必要になります。縦手すりは便器先端から15～30cmの間で、お年寄りの最も使いやすい位置に取り付けます。横手すりの高さは、便器座面から測って20～25cm程度とします。

片マヒの人の場合、便器には健側（動く側）からアプローチし、介助は患側（マヒ側）から行うことが原則になっています。

その際、手すりが固定されていると、介助動作にかえってじゃまになることがあります。この時は、跳ね上げ式手すりを用います。

トイレの室温は、寝室と同じに暖かく

トイレは、ただでさえほかの部屋より寒くなりがちです。お年寄りは排泄に長く時間がかかることがあるため、寝室と同じ室温になるよう、暖房を行うことをお勧めします。

いろいろな方法がありますが、短時間で暖まる器具を用いるか、トイレと寝室をいっしょに暖めるようにします。

排泄はなるべくトイレまで行くようにしたいのですが、困難な時はポータブルトイレの使用を考えます。ただし、ポータブルトイレは安定性があるもの、掃除がしやすいものであると同時に、室内に置くものであるため、少しでもデザインのよいものを選びましょう。

照明の工夫

お年寄りの視力低下に合わせた照明を

お年寄りは、加齢によって視力が低下しています。暗順応といって、明るい所から暗い所に移動する時に目が慣れるのに時間がかかったり、若い人の数倍の明るさがないとものが見えにくかったり、ものの凹凸がわかりにくいということが起きます。ものが黄色がかって見えるようにもなります。

このため、お年寄りにとって照明は、生活動作を確実に行えるようにするとともに、安全にできるようにするためにとても重要です。

一般に若い人に比べて、お年寄りには3倍の明るさが必要と言われています。

また、照明とともに室内の壁や床などの仕上げ材の色をうまく使い分けることで、安全性をさらに高めることができます。

玄関・廊下・階段をもっと明るく

玄関・廊下・階段といった住まい

住まいの中の移動部分を明るく

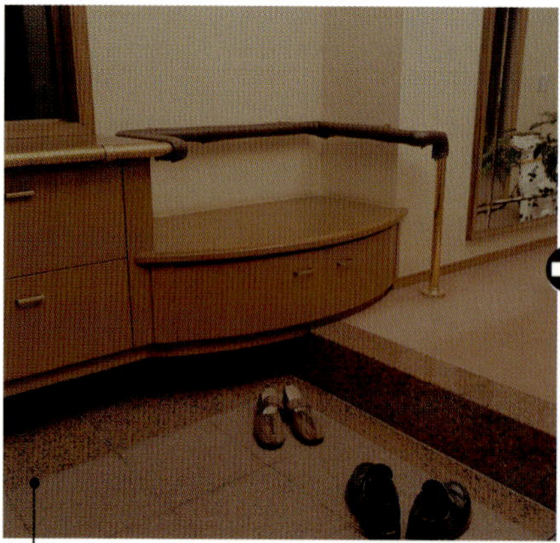

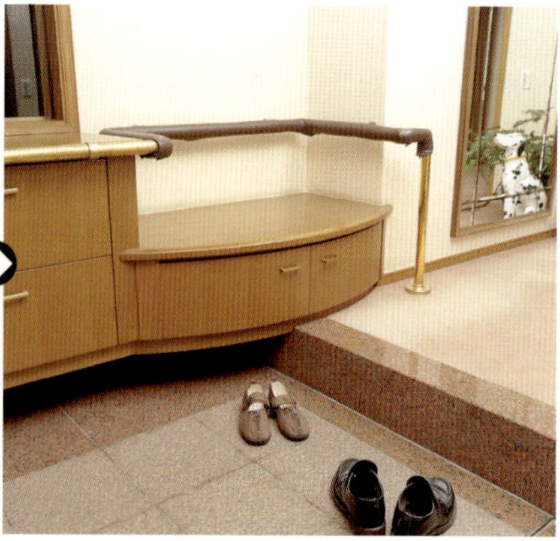

玄関や廊下、階段など、住まいの中の移動部分は段差が多いにもかかわらず、常時人がいるわけではないため、照明が暗く設置されがちです。玄関ののぼりおりや靴脱ぎ、階段ののぼりおりを安全にできるよう、十分な明るさが必要です。

照明は、直接目に入らない工夫を

やさしい間接照明を
照明は、直接光源が目に入らない間接照明がお勧め。目にやさしく、光も柔らかく感じられます。

半間接照明もあります
間接照明が無理な場合は、半間接照明を。乳白色のカバーで、電球や蛍光灯をおおった照明です。

の中の移動部分には段差が多いにもかかわらず、いつも人がいるわけではないため、照度（明るさ）を下げています。その結果、よけいにお年寄りには見えにくくなっています。

照明を工夫して、安全に行動できるようにし、あわせて生活を楽しくする道具のひとつとして照明を生かしたいものです。

やむをえず段差が解消できない部分は、スポットライトを当てて段差を浮き上がらせるとともに、段端の色をはっきりとさせて、お年寄りにわかりやすくしましょう。

間接照明がお年寄りに喜ばれます

照明方法は、間接照明にすると光源が直接目に入らず、やさしく、光も柔らかく感じられるため、お年寄りに喜ばれます。

仮に間接照明にできなくても、電球や蛍光灯の光そのものが目に入る直接照明は避けます。少なくとも、乳白色のカバーがかかっている半間接照明にしましょう。このような配慮は、お年寄りの寝室で特に必要になります。

階段の照明は複数取り付け

フットライトはのぼり口・おり口に
足元を照らすフットライトは、のぼり口・おり口を示すように設置します。

踏み面の影に注意
階段の照明は複数取り付け、踏み面に影ができないようにします。

照明のための電球や蛍光灯には、寿命があります。寿命がきた時には交換しなければなりませんが、これはお年寄りにはむずかしい動作です。また、特殊な電球は、後から購入しにくくなることもあります。そんなことも考え合わせて、照明方法を考えたいものです。

玄関・廊下・階段の照明を工夫

玄関では、上がりかまちののぼりおりや、靴を脱いだりはいたりという動作を行います。安全にスムースに行えるよう、明るさを確保します。段差がある時は、特に慎重にしてください。

廊下では明るさを均一にします。お年寄りは、夜間にトイレに立つことが多いので、人が近づき離れるごとに自然に点滅する人感スイッチを使用すると便利です。電気代の節約にもなります。

階段では光線が直接目に入って目がくらまないよう、照明の取り付け位置を検討します。また、踏み面に歩行している人の影ができないよう、照明を複数つけます。

足元には、フットライトなどの局部照明を設けます。ただし、フットライトはのぼり口・おり口を示すようにし、全体の照明は別に設置することにします。

【参考資料】
■第6章　知っておきたい観察法
1）日野原重明，西山悦子：介護を支える知識と技術．中央法規，1995.
■第8章　床ずれを予防するために
1）厚生省老人保健福祉局老人保健課監修：褥瘡の予防・治療ガイドライン．照林社，1988.
2）真田弘美：褥創は予防し、治すことができる．看護学雑誌61（2）：114-140，1997.
■第9章　食事のお世話
1）植田耕一郎，藤谷順子：摂食・嚥下に関する生理学的知識，摂食・嚥下リハビリテーションマニュアル．JJNスペシャルNo.52：18-23，1996.

【撮影協力】
■ 東京慈恵会医科大学医学部看護学科
■ フランスベッド メディカルサービス株式会社
■ 三菱地所ホーム株式会社

【写真提供】
■ ナカ工業株式会社…p165手すりの材質／p166廊下の手すり・手すりの端部
■ 三菱地所ホーム株式会社…p175跳ね上げ式の手すり

写真でわかる安心介護

2000年4月20日　初版第1刷発行
2006年4月10日　初版第3刷発行
監　修　日野原重明
発行人　赤土正幸
発　行　株式会社インターメディカ
〒102-0072　東京都千代田区飯田橋2-14-2
電　話　03（3234）9559
印　刷　大平印刷株式会社

編　集　小沢ひとみ・北山明美
デザイン　荻野 寛
レイアウト　山口雅也（AS），二馬百合（オギノデザイン）
撮　影　小林 克・箕輪 均
イラスト　汐崎亮子・渡辺 清

定価はカバーに表示してあります。
ISBN4-89996-016-6